Marina Mander

Katzen

Marina Mander

Katzen

Eine unendliche
Liebesgeschichte

Aus dem Italienischen von
Verena v. Koskull

C. Bertelsmann

Die Originalausgabe erschien 2015 unter dem Titel *Il potere del miao. I gatti che mi hanno cambiato la vita* bei Mondadori, Mailand.

Das Motto auf S. 5 stammt mit freundlicher Abdruckgenehmigung aus: Claudio Magris, *Die Welt en gros* und *en détail*, aus dem Italienischen von Ragni Maria Geschwend, © Hanser Verlag, München Wien 1998, S. 296.

Für Spritz und Schatzi und alle Katzen,
auch die seltenen und kostbaren auf zwei Beinen

MIX
Papier aus verantwortungsvollen Quellen
FSC® C014889
FSC www.fsc.org

Verlagsgruppe Random House FSC® N001967

1. Auflage

Umschlaggestaltung: www.buerosued.de, München
Umschlagmotiv: Getty Images / KIO
Druck und Bindung: Friedrich Pustet, Regensburg
Printed in Germany

ISBN 978-3-570-10282-4
www.cbertelsmann.de

Die Katze tut nichts, sie ist einfach da,
wie ein König.

CLAUDIO MAGRIS,
Die Welt en gros und en détail

Katzen fürchten die Liebe nicht

Wie viele Stunden verbringe ich damit, euch zuzuschauen?

Laut Statistik verbringt der Mensch 24 Jahre seines Lebens mit Schlafen, 6 mit Essen und 10 mit Fernsehen. En détail bedeutet das, dass alle zwischen 14 und 24 Jahren täglich 150 Minuten vor der Mattscheibe sitzen, die 45- bis 54-Jährigen 250 Minuten und die über 64-Jährigen 340 Minuten.

Ich verbringe Stunden damit, den endlosen Film eures Lebens anzuschauen: Ihr seid mein Satellitenfernsehen, meine Lieblingsserie, meine Kultsendung, mein 70-mm-Film, projiziert auf eure vom Kopf bis zur Schwanzspitze gemessenen 70 Zentimeter.

Seit Jahren schalte ich den alten, von irgendwem geliehenen Fernseher nicht mehr ein, weil ich mir nie einen Decoder gekauft habe.

Wenn ich euch zwei beobachte, decodiere ich eine Menge Dinge: Ihr seid meine Unterhaltung, mein Bildungsprogramm, mein Wetterbericht, meine Meldungen aus dem Innenministerium, meine Sondersendungen vom Mysterium des Innersten.

Klänge es in den Ohren zweier Katzen nicht beleidigend, würde ich sogar sagen, ihr seid mein Gefühlswörterbuch, weil ihr Dilemmata in Lemmata und Fragezeichen in Ausrufungszeichen verwandelt: Wenn du nicht weißt, was du von einem Menschen halten sollst, frag deine Katze, wenn du nicht weißt, was du von dir selbst halten sollst, frag sie ebenfalls.

In der Psychoanalyse ist die Grundidee des Therapeuten, der vor allem als Spiegel agiert, inzwischen einer interaktiveren Form des Austausches gewichen. Der Psychoanalytiker trennt sich immer mehr vom Konzept der Couch, während sich eine Katze nie freiwillig von dieser wunderbaren Schlafgelegenheit trennen würde. Wie auch. Freud war Hundefreund, er hatte einen Chow-Chow namens Jofi. Katzen traute er nicht über den Weg, sie waren für ihn das Inbild des Weiblichen, und er schrieb ihnen einen Hang zum Narzissmus zu. Man muss schon voreingenommen oder oberflächlich sein, um zu diesem Schluss zu kommen, und trotzdem gibt es immer noch viele, die mit dem Vater der Psychoanalyse einer Meinung sind.

Katzen haben eine äußerst fortschrittliche Vorstellung von Liebe: Zwischen Selbstbestimmung und Narzissmus besteht ein gewisser Unterschied.

Hätte Freud eine Katze gehabt, wäre die Psychoanalyse anders verlaufen. Sie hätte sich schneller entwickelt, vor allem, was das Prinzip der Gegenübertragung betrifft. Obwohl Katzen die denkbar feinsinnigsten und geübtesten Zuhörer sind, fürchten sie die Gegenübertragung nicht; sie haben keine Angst, sich in ihren Patienten zu verlieben oder mit ihm das Bett zu teilen.

Katzen fürchten die Liebe nicht.

Sie haben Angst vor Gebrüll und Gebell, vor Silvesterböllern, jähen Geräuschen, schrillen Tönen, manchmal auch vor dem Staubsauger und dem Mixer, aber ansonsten sind sie äußerst mutige Geschöpfe, vor allem in Gefühlsdingen.

Sie verlieben sich unsterblich in ihre Mitbewohner, egal ob Mensch oder Katze; auch in eine Decke, einen alten Pullover, eine Plüschmaus, eine Pflanze, einen Ausblick, ein fallendes Blatt, einen jäh aufflammenden Sonnenstrahl, selbst in Musik, solange sie nicht hektisch und ohrenbetäubend ist. Sie schämen sich nicht, rückhaltlos zu lieben, weil sie keinen Identitätsverlust fürchten. Niemand kann einer Katze ihr unverwechselbares Selbst und somit ihr Wesen rauben, ihre äußerst kätzische Art des Auf-der-Welt-Seins.

Katzen lieben ihren Nächsten wie sich selbst, nicht mehr und nicht weniger. Sie verkörpern das neutestamentliche Gebot und hüllen es – um es endlich attraktiver zu machen als die längst vergessene Kirchenpredigt aus Jugendtagen – in einen seidigen Pelz.

Ihre Liebe ist nie zu viel oder zu wenig: Katzen, die idealen Lebensgefährten des Menschen, sind nun einmal Katzen und keine Hunde.

Ich habe auch mit Hunden zusammengelebt und

mochte sie sehr, auch wenn ich ihre passive Hingabe, die immer auch einen Hauch Aggression in sich trägt, stets als ein wenig erdrückend empfunden habe. Ihr fordernder Blick scheint es geradezu darauf anzulegen, einem ein schlechtes Gewissen zu machen. Es ist, als würde man einen Hund nie genug lieben; eine Katze dagegen weiß genau, dass man sie wie wahnsinnig liebt, denn es kann ja gar nicht anders sein: Sie erkennt deinen Wahnsinn und verliebt sich darin, weil sie einfach weiß, dass ein Übermaß an Vernunft ihrer Eigenschaft als Katze ebenso schaden kann wie dem ihr zur Seite gestellten Menschen. Dazu braucht es weder Hätscheleien noch lange Erklärungen.

Bei Katzenblicken fühlt man sich nie schlecht, nur schön.

Wenn ich euch zwei beobachte, lerne ich viel.

Heute, zum Beispiel, habt ihr mir den Unterschied zwischen Natur und Kultur beigebracht, zwischen angeborenen und anerzogenen Verhaltensweisen. Ihr habt mir gezeigt, dass es möglich ist, sich über Veranlagungen hinwegzusetzen. Ein jahrelanges Psychologie- und Neurobiologiestudium hätte mir in Sachen emotionaler Entwicklung zwar die gleiche Erkenntnis gebracht, doch euer Privatunterricht ist deutlich unterhaltsamer.

Heute habt ihr mir gezeigt, dass die Liebe immer ganz unverhofft kommt: ein Hinterhalt von Küssen.

Zuerst die Angriffshaltung: geduckter Körper, Ohren in Drohstellung, flacher, nervös zuckender Schwanz.

Ich sehe, wie du zum Sprung ansetzt, zusammengekauert hinter eurem Zelt, eurem Rückzugsort in der Serengeti unserer Wohnung. Du nimmst ihn ins Visier. Dein Kumpel schläft tief und fest, Bauch nach oben, satt und ahnungslos, es ist Siestastunde, keine Trainingszeit. Er merkt nicht, dass du jetzt immer schneller den Kopf hebst und senkst, ihn fixierst, den unvermeidlichen Sprung kalkulierst, den perfekten Satz, den deine DNA dir vorgibt, dieses federnde Aufschnellen, das du auch aus dem Stand beherrschst, raubtierhaft und unerbittlich. Das kleine Zelt dient euch mitunter als Schlafplatz und Tarnung, und auch du bist perfekt getarnt mit deinem parkettfarbenen, mahagonigeäderten Fell.

Löwen sind savannenfarben, du bist parkettfarben: das Wunder der häuslichen Camouflage.

»Achtung, Freundchen«, denke ich, »der stürzt sich auf dich und schlägt zu, du wirst kämpfen müssen, mit der Wendigkeit einer jungen, lebenshungrigen Antilope, um mit heiler Haut davonzukommen.« Wie gern würde ich in den Lauf der Natur eingreifen. Während ich noch überlege, ob es richtig ist, dazwischenzufunken, fliegst du schon durch die Luft und bist auf ihm: »Tu ihm nicht weh, ich bitte dich! Er hat so schön geschlafen und vielleicht geträumt!«

Doch der mörderische Angriff verwandelt sich in sein Gegenteil: Du wirfst ihm die Pfoten um den Hals und leckst ihn von oben bis unten ab, bedeckst ihn mit Küssen. Du umarmst und küsst ihn, als wäre er knapp einer Gefahr entronnen, du wiegst ihn in Sicherheit wie der große Retter, du drückst ihn an dich, als wolltest du ihn nie mehr loslassen, nie mehr um ihn fürchten müssen.

Für eine schier endlose Zeit tauscht ihr Geschnurr und Zärtlichkeiten aus. Die reglose Zeit der Liebe.

Wie lange habe ich euch zugeschaut?

Trotz deiner Veranlagung als fleischfressender Jäger ziehst du dem Kampf die Ruhe vor: Du kannst laute Menschen nicht ausstehen, verabscheust jähe Bewegungen, schroffe Gesten und falschen Alarm.

Damals hast du vor dem Konflikt Reißaus genommen und dich in meiner Manteltasche verkrochen. Du warst zum Zankapfel geworden. Zum Kosovo, um den sich die Serben und ihre Feinde gestritten haben. ER wollte dich nicht im Schlafzimmer, SIE nicht im Wohnzimmer. Sie haben dich »General« genannt, als du kaum in eine Hand passtest, ein Lilliputgeneral, ein vierbeiniges Oxymoron. Solche Fehler entstehen in den Kriegsgräuel.

Ich habe dich die ganze Nacht angesehen.

Ich musste dir einen anderen Namen geben, einen glücklichen Friedensnamen.

»Wie heißt du?«, habe ich dich gefragt. »Wie heißt du, kriegsmüder kleiner Krawallmacher?«

»Ich heiße Spritz«, hast du geantwortet.

Wie hätte es anders sein können. Wieso habe ich das nicht gleich begriffen? Rot, leicht berauschend, mit einem Schuss Selters. Eine freundliche Hommage an die Glanzzeiten Venedigs. Ein Wunsch für die Zukunft, ein Toast auf unsere Begegnung.

Stalin, Hitler und Mussolini waren abstinent, falls das jemand noch nicht wusste. Über Milošević muss ich mich schlaumachen.

Vorname Spritz, Nachname Amore, selbstverständlich.

Die zweite Katze ist hingegen eines Sonntagabends in meiner Tasche gelandet. Ich war mir nicht sicher, ob ich eine piemontesische Katze haben wollte, heißt es doch, die Piemonteser seien falsch und aalglatt.

»Sie ist nicht piemontesisch! Sie ist halb Siamkatze.«

In Ordnung. Lass uns nach Hause gehen und Spritz überraschen.

»Was ist das für ein schielendes Scheusal?«

»Das ist kein Scheusal, sondern ein Kätzchen.«

»Was soll das heißen?«

»Dass sie klein ist und aussieht wie eine Maus, aber noch wachsen wird.«

»Na, wenn du meinst.«

Ihr habt nicht lange gebraucht, um miteinander warm zu werden. Ein paar Kopfnüsse mit der Pfote, ein bisschen Gefauche, und zwei Stunden später wart ihr bereits ganz dicke, der eine ein bisschen dicker als der andere, wie man auch nach fünf Jahren noch unschwer erkennen kann. Schatzi ist größer und sehr viel schwerer als du, auch wenn du nie aufgehört hast, den Chef zu spielen. Schatzi wird für dich immer der Kleine bleiben. Schatzi, das Schätzchen.

Mein erster Schatz

Durchschnittliche Dauer einer Ehe in den Vereinigten Staaten: 9,5 Jahre. Durchschnittliche Haltbarkeit eines Dampfbügeleisens: 10 Jahre. Dauer unserer Liebe: lebenslang.

Bekanntschaften, Beziehungen oder kaputte Geräte mit abgelaufener Garantie werden mir bisweilen leid, doch das Leben nie. Manchmal fürchte ich eher, ich werde dem Leben leid. Egal, was passiert, ich will mindestens noch fünfzehn Jahre leben, die Zeit, die ihr voraussichtlich noch auf dieser Erde weilt. Ich will mit euch alt werden, ihr seid meine Chance, mit der Zeit zu gehen, weder zu früh noch zu spät dran zu sein. Endlich werde ich meiner Zeit gerecht. Bedenkt man die Berechnung des Katzenalters im Vergleich zum menschlichen Alter (fünfzehn Jahre für das erste Jahr, neun für das zweite und vier für jedes weitere), kann es sogar sein, dass ich eines Tages jünger bin als ihr.

Das ist natürlich absurd, weil eure Schönheit nicht vergeht und uns niemand je für gleichaltrig halten wird; nicht einmal in vier Jahren, wenn es fast so weit ist. Doch ich werde mich von meinem Zopf nicht trennen, wie es Frauen sonst ab einem gewissen Alter tun. Ich werde ihn weiterhin tragen wie ihr euren Schwanz, hoch auf dem Kopf, wenn ich glücklich bin, und ihn zornig hin und her peitschen lassen, wenn ich verärgert und unleidlich bin. Der Schwanz ist ein wertvoller Verbündeter des physischen und psychischen Gleichgewichts. Er hält die Balance, wenn man abzustürzen droht (in dem Fall ist die Bewegung klar: entweder hierhin oder dorthin), oder verrät einen inneren Konflikt (soll ich bleiben oder mich verduften) durch heftiges Zucken. Außerdem dient er dazu, sich wie der Baron von Münchhausen selbst aus dem Sumpf zu ziehen und in ein neues Abenteuer zu stürzen.

Als ich klein war, wurde ich nicht nur Nina, sondern auch *Schatzi* genannt. Der erste Kater, mit dem ich Freundschaft schloss, hieß Schatzi (mein erster Seelenverwandter), und mein letzter Kater (in der Reihenfolge des Auftretens) ebenfalls.

Schatzi wie Kleinod.

Spritz ist ein kleiner kriegsmüder Krawallmacher, Schatzi eine in Friedenszeiten aufgegangene, knusprig gebackene Brioche. Er ist unendlich friedfertig, ein Kind des gastronomischen Booms.

Der erste Schatzi hingegen war ein Streuner, genau wie ich.

In meiner Kindheit wurde ich für eine gewisse Zeit, die eigentlich kurz sein sollte, am Ende aber sehr lang wurde und irgendwelchen verworrenen Umständen geschuldet war, meiner Großmutter anvertraut.

Die Zeit des Verlassenseins steht genauso still wie die Zeit der Liebe, allerdings ins Gegenteil verkehrt: Die Zeit der Liebe ist nur ein Augenblick, der sich in der Erinnerung ins Unendliche erstreckt; die Zeit des Verlassenseins währt gefühlt eine Ewigkeit, die man gern in einem Augenblick vergessen machen will, doch sie widersetzt sich unserem Drang, die Wunden des Lebens zu stopfen und zu flicken.

Es gab noch weitere Gründe, warum ich damals kein bisschen glücklich war. Allerdings musste das ein Geheimnis bleiben. Abgesehen davon, dass ich sämtliche Kinderkrankheiten – Windpocken, Mumps und Röteln –

gleichzeitig und dazu am falschen Ort und zur falschen Zeit bekam, versuchte ich, mir mein Unglück nicht anmerken zu lassen.

Sich das eigene Unglück nicht anmerken zu lassen, sollte man dringend lernen, und das am besten möglichst früh. Man nennt das *kreative Anpassung*: Aufgeweckte Kinder finden immer unverhoffte Kraftquellen. Man sucht einen Kusshinterhalt. Einen Miezhinterhalt.

Ich fand Schatzi in einem Garten, er war weggelaufen oder ausgesetzt. Er war noch ein Kind, mehr weiß als schwarz, weder hübsch noch hässlich, aus irgendwelchen zwingenden oder fadenscheinigen Gründen sich selbst überlassen wie ich, die ich nach einem Gewitter auf Schneckensuche war. Wir versuchten, die schleimigen, einziehbaren Fühler zu berühren, er mit seiner zaudernden kleinen Pfote, ich mit meinem zögerlichen Zeigefinger, angeekelt von den weichen Extremitäten dieser Weichtiere und zugleich neidisch auf sämtliche Schneckenarten, die das Glück hatten, mit einem Haus auf dem Rücken geboren worden zu sein und es stets bei sich zu tragen. Ein Haus, vollständig eingerichtet mit rotem und weißem Stübchen und einem Haufen Spielzeug, gestickten Tierbildern von Hunden und Katzen, Ziegen und Käuzchen, allesamt mit Kreuzstichen gemacht, die mir, auch wenn sie nicht ganz ohne Hilfe zustande kamen, gute Noten in einem altmodischen Fach namens »Handarbeiten« einbrachte.

Schatzi und ich beneideten die Schnecken um ein Privileg, das wir offenbar für immer verloren hatten: sich von Natur aus oder dank eines reichen Onkels aus Amerika nie unbehaust zu fühlen. Schatzi hatte eine zum Napf umfunktionierte rostige Blechdose, ich hatte vier Stoffteddys im Gepäck, das war unsere spärliche Habe, die wir gut im Auge behalten mussten, damit die Hunde sie uns nicht wegschnappten. Doch obwohl oder gerade weil es für Schatzi Eins keinen festen Wohnsitz gab, hatte er sein eigenes *Bed and Breakfast* für eine Schar Wanderflöhe aufgemacht, die nach einem freundlichen Willkommen sogleich zwischen seinen Pfoten und meinen Beinen, auf seinem kleinen Körper und meinen gesprenkelten Armen Herberge bezogen.

Der Zusammenhalt zwischen mir, Schatzi Eins und den Flöhen war die einzige Freude jener Zeit, an die ich nie mehr zurückgedacht hätte, wenn ich nicht begonnen hätte, die Geschichte dieser ersten schwarz-weißen Mieze und die Gründe, weshalb Katzen unsere unendliche Dankbarkeit verdienen, zu Papier zu bringen.

Mit Katzen fühlt man sich zu Hause, selbst wenn man obdachlos ist und einem weder Vergangenheit noch Zukunft eine Zuflucht bieten.

Rückblickend betrachtet könnte es sein, dass meine letzte Kinderkrankheit nicht wirklich Röteln waren, sondern dem Kommen und Gehen der Mitbewohner meines Findelkaters geschuldet war. Doch auch das blieb unser Geheimnis.

Traumforscher

Zeit, die ein menschliches Wesen im Laufe von 24 Stunden mit Träumen zubringt: 100 Minuten.
Zeit, die eine Katze im Laufe von 24 Stunden mit Träumen zubringt: 240 Minuten.
Zeit, die Schatzi mit Träumen zubringt: fast ständig. Schatzi ist ein Träumer, selbst mit offenen Augen.

Ich betrachte euch, während ihr schlaft. Ich betrachte euren abenteuerreichen Schlaf. Ihr habt den Wissenschaftlern die Wissenschaft des Schlafens gelehrt. Ihr wart die wertvollen, mitunter unglücklichen Verbündeten der ersten Forscher, die sich mit dem Studium der Schlafphasen befassten. Michel Jouvet, um nur einen zu nennen, ersann in den Sechzigern ein grausames Experiment, in dem er Katzen um ihre REM-Phase (den tiefen Traumschlaf) brachte.

Die Katzen wurden auf umgedrehte, von Wasser umgebene Behälter gelegt, sodass sie in der Phase höchster Entspannung ins Wasser fielen. Sie wachten auf, kletterten auf ihre Plattform zurück, und der Schlafkreislauf begann von vorn. Schließlich stellte man fest, dass die Katzen vor dem REM-Schlaf aufwachten, um nicht ins Wasser zu fallen. Sämtliche Versuchskatzen starben binnen 35 Tagen, und der Forscher konnte daraus seine Schlüsse über die pathogenen Folgen des Schlafentzugs ziehen und seine Theorien über den paradoxen Schlaf untermauern.

Aber ob der Schlaf-Forscher wohl selber noch ruhig schlafen konnte?

Dank seiner ins Wasser fallenden Katzen hat Michel Jouvet das Rad neu erfunden: Ohne Träume stirbt man.

Was meine persönlichen Schlafphasen anbelangt, muss ich sagen, dass mit euch zu schlafen zwar recht unbequem, aber äußerst beruhigend ist: Obwohl ihr keine Wachkatzen seid, habe ich das Gefühl, dass ihr über unsere Nächte wacht. Auch wenn ihr mir sämtlichen Platz und manchmal die Decke wegnehmt, schnarcht, mich aus den Tiefen des Tiefschlafes reißt oder bei meinen erbitterten traumversunkenen Versuchen stört, sämtliche verschüttete Passwörter und wenigstens ein paar Lottozahlen aus den Schlünden meines Unterbewusstseins zu heben.

Wenn ich dann nicht sofort wieder einschlafen kann und mich der Stoff, aus dem die Träume sind, im Halbdunkel umfängt, betrachte ich euch, wie ihr manchmal mit den Pfoten zuckt, einen Rest Milch, an den ihr euch erinnert, aufschleckt oder vom Beuteinstinkt gepackt mit den Zähnen knirscht.

Kleine nächtliche Jäger, wie viele Stunden Schlaf wollt ihr mir noch rauben?

Bin ich euer wissenschaftliches Experiment?

Es heißt, blickt man selbst einem unbekannten Menschen fünfzehn Minuten lang unverwandt in die Augen, verliebt man sich in ihn. Das klingt zunächst einfach, doch um dem Blick eines anderen standzuhalten, braucht es Konzentration und Entschlossenheit. Nach und nach entwaffnen uns die Augen des Gegenübers, und in einer Art unfreiwilligem Striptease lassen wir die Hüllen der Konventionen fallen; die Masken der Verstellung und Vertuschung können nicht mehr unsere Verlegenheit ob unserer bloßgestellten Nacktheit verbergen, für die unser Gegenüber uns vielleicht auslachen, bemitleiden oder tatsächlich lieben wird.

Dank der Spiegelneuronen, über die selbst Affen (und Katzen allemal) verfügen, ist die dritte Option – das Lieben – am wahrscheinlichsten, was eine Erleichterung ist und zugleich Verantwortung bedeutet.

Schatzi Eins und ich brachten ganze Nachmittage damit zu, Auge in Auge im von Unkraut und Minze zugewucherten Garten zu liegen. Sogar die strahlende Sonne versuchte ich zu fixieren, als könnte ich sie in meinen Bann schlagen oder zumindest dahinterkommen, wie sie es schaffte, niemals traurig oder verstimmt zu sein. Ich sah irisierende Kreise, und die Iris meines ersten Schatzi funkelte: die Edelsteine der Katzenaugen, der Feilstaub, der den Magneten an sich zieht, nicht umgekehrt, wohlgemerkt.

Andere Male waren wir auf dem Dachboden, doch egal wo, wir verstanden uns gut. Ich trug ihm die Briefe vor, die ich nicht schreiben wollte, um die Erwachsenen, die mich ungewollt verletzt hatten, nicht zu verletzen. Er nickte, als wollte er sagen: »Ich verstehe dich, ich verstehe dich gut!« Wir brauchten nicht viele Worte, es reichte, einander in die Augen zu sehen.

Eines Tages erschreckte sich Schatzi Eins zu Tode, weil ein Marienkäfer sich mit seinen hakenbesetzten Beinchen an seinem Kopf festgeklammert hatte und es seinen noch ungeschickten Pfoten nicht gelang, ihn zu verjagen, also gab ich mir einen Ruck und befreite beide. Ein anderes Mal war mir zum Weinen zumute, und Schatzi Eins leckte mir die Tränen fort, die mir unfreiwillig über die Wangen rannen, vielleicht weil Tränen salzig sind oder weil er kein Taschentuch bei sich hatte. Dann hielt er mir seinen weichen Schwanz hin und fuhr mir damit unter der Nase entlang, falls ich sie mir putzen wollte. Er zeigte mir, was Freundschaft ist.

Mit der Diskretion und dem Feingefühl, das Katzen bei wichtigen Dingen an den Tag legen, hielten Schatzi und ich unsere Nöte vor der Großmutter und ihren diebischen Hunden geheim; wir würden allein zurechtkommen: Wir hatten das ganze Leben vor uns.

Gib mir tausend Küsse
Gib mir tausend Katzen

Gib mir tausend Katzen, dann hundert,
dann weitere tausend, dann ein zweites Mal hundert,
dann noch weitere tausend und abermals hundert.
Wenn wir dann müde sind, sie zu zählen,
hören wir nicht auf, uns zu lecken,
um uns nicht zu erschrecken, auf dass niemand
der vielen, die uns beneiden,
uns wehtun kann, weil er weiß,
wie glücklich man mit Katzen sein kann.

Nach CATULL, *Carmen V, ca. 44 v. Chr.*

Einzigartigkeit und die Wissenschaft des Klonens

Die 1968 vom Nobelpreisträger Joshua Lederberg geschätzte Zeit bis zum Klonen eines Säugetiers: 15 Jahre. Es hat ein bisschen länger gedauert, doch nach 24 Jahren wurde Dolly geboren.

Warum man angefangen hat, Schafe statt Katzen zu klonen, ist mir ein Rätsel.

Dass Schafe und Shetlandpullis einem größeren Nutzen dienen als Katzen, ist klar, aber immerhin handelte es sich um einen Pilotversuch, den man hätte nutzen sollen, um groß rauszukommen. Zwar liegen die Shetlands nur einen Steinwurf von Schottland entfernt, und selbst Wissenschaftler, die für den globalen Fortschritt arbeiten, sind gegen ihren tief verwurzelten Lokalpatriotismus nicht gefeit: Ich bin Schotte, ich habe mein Leben darauf verwendet, herauszufinden, wie man ein Lebewesen klont, ich bin der erste Wissenschaftler, der in der Lage ist, lebensfähiges Leben zu schaffen, also bin ich kraft transitiver Fähigkeiten selbst eine Art Klon Gottes, und was klone ich? Ein Schaf! Was sonst!

Es sei dazugesagt, dass der Name Dolly vom Schafzüchter stammt, der beim ersten Klonexperiment mitgewirkt hat, zu Ehren der Countrysängerin Dolores Rebecca »Dolly« Parton, schließlich wurde die erste Zelle, mit der die ganze Sache losging, dem Brustgewebe entnommen.

Ich hätte mich gern einmal mit der Mutter des verantwortlichen Wissenschaftlers unterhalten: »So viele Opfer, um dich studieren zu lassen, und wozu? Für noch ein Schaf, *my goodness!*«

Wenn ich gekonnt hätte, hätte ich Katzen geklont (und da bin ich natürlich nicht die Einzige). Selbst heute noch würde ich Spritz klonen, um den Gesetzen des Todes, des Lebens und der Wissenschaft ein Schnippchen zu schlagen. Könnte ich eine Schar, ein Rudel, einen Schwarm von Spritz erschaffen und sie über den Erdball verteilen, um auch die Nachwelt in den Genuss der Glücksmomente kommen zu lassen, die Spritz jedem, den er kennt, zu schenken weiß, könnte ich sicher sein, meinen Beitrag zu einer besseren Welt geleistet zu haben.

Als es Greystoke anfing schlecht zu gehen, habe ich zum ersten Mal über das Klonen von Katzen nachgedacht.

Ich gab erst klein bei, als mir auch dank Greystokes Geschichte aufging, wie wichtig der Einfluss der Umwelt auf die kognitive und emotionale Entwicklung eines heranwachsenden Lebewesens ist: Es gibt Zwerge, deren Nanismus auf Gefühlsentzug zurückzuführen ist. Taubstumme sind nicht stumm, haben jedoch ihre Fähigkeit zu sprechen drangegeben, weil im Irrglauben, sie könnten eh nichts hören, niemand mit ihnen redet. Alte und

Junge sind vielleicht gar nicht so alt oder jung, sondern werden nach starren und höchst zweifelhaften Kriterien integriert oder ausgeschlossen.

Was wäre aus einem von Greystoke A abstammenden Greystoke B ohne uns geworden? Was für einen Charakter hätte Greystoke senior entwickelt, wenn er nicht irgendeiner ungarischen Zucht entronnen und nach einer vermutlich schrecklichen Reise bei uns gelandet wäre, um unser Leben mit jeder Faser zu teilen? Wie wichtig ist Nähe, wenn sie selbst biologisch vorgegebene Verhaltensweisen ändern kann? Welche Testosteronmengen, welche Adrenalin-, Dopamin- und Serotoningefechte und Neurotransmitterschlachten bringen die Spezies von heute ins Morgen? Wie sehr hat unsere Liebe Greystokes Stressverhalten verändert? Und wie sehr hat seine Liebe uns verändert?

Vielleicht kann die Wissenschaft eines Tages ein paar stichhaltige Antworten liefern; ich jedenfalls weiß nur zu sagen, dass nachts beileibe nicht alle Katzen grau oder mau oder miau sind.

Greystoke zum Beispiel war immer grau. Grau metallic. Er war eine äußerst vornehme Russisch Blau, von solch edlem und schönem Geblüt, dass selbst William Burroughs seinen sauertöpfischen Ton vergaß, sobald er von seiner Russisch Blau sprach. Katzen hassen saure Töne, Zitronen sind Gift für sie.

Katzen berauschen sich an Oliven und Muskatnuss und teilen mit Löwen und Tigern die Leidenschaft für

Nepeta cataria, ein kätzischer Stimmungsaufheller, allerdings ohne betäubende oder berauschende Wirkung.

Jetzt wacht Greystoke aus den in der ganzen Wohnung aufgestellten silbernen Fotorahmen über Spritz und Schatzi und vielleicht auch über mich. Sein schimmerndes Fell lässt noch immer eine Vollkommenheit erahnen, die sich nicht klonen lässt.

Es ist unmöglich, sich eine Katze zu holen, die Katze holt dich

Katzen kommen zu dir, es ist unmöglich, sich eine Katze zu holen, die Katze holt dich. Man muss natürlich empfänglich sein, innerlich bereit, einen Katzenblick ausgerechnet dieser und keiner anderen Katze wahrzunehmen, ein Miauen zu hören, das für niemanden sonst bestimmt ist, und sich, wenn man eine Katze angeboten bekommt, im Klaren darüber sein, dass man ausgerechnet dieses Angebot in ausgerechnet diesem Moment nur wahrnimmt, weil die Katze das womöglich bereits beschlossen hat. In dem Fall ist es – von höherer Gewalt einmal abgesehen – sinnlos, sich gegen das Schicksal zu wehren.

Die Bühne des Schicksals ist konkav: Genau wie die Katze rollte es sich dort zusammen, wo es Platz findet, und sei er noch so klein.

Auch wer sich im Tierheim eine Katze unter vielen aussucht, wird von einer der vielen Tierheimkatzen ausgesucht und nicht umgekehrt. Ausgesetzte Katzen aufzunehmen bedeutet, sich den Katzen auszusetzen; je ehrlicher, aufgeschlossener, unvoreingenommener und frei von falschen Erwartungen man das tut, desto freudiger werden sie es einem vergelten.

Ich habe nie vorsätzlich geplant, mir Katzen anzuschaffen, immer waren sie es, die beschlossen, mit mir zu leben. Häufig, wenn auch nicht immer, lief es mit menschlichen Primaten ähnlich, und rückblickend muss ich sagen, dass mir das – zumal auf lange Sicht – ebensolches Glück bescherte.

Jetzt zum Beispiel schreibe ich über meine in allernächster Nähe zusammengerollten Katzen, die eine gewisse Überlegenheit ausstrahlen, obwohl ich über sie spreche und Vertraulichkeiten ausplaudere, die sie vielleicht nicht mit Unbekannten teilen würden. Ein Mensch, zu dem man ein Vertrauensverhältnis hat, würde jedenfalls kaum eine solche Haltung bewahren, sondern anfangen, einen eindringlich anzustarren oder mit dem Schwanz zu wedeln oder zu bellen, je nach psychischer Veranlagung: abhängig, narzisstisch oder paranoid. Ein Border Collie hätte mir schon auf die Tastatur gepinkelt.

Damit will ich nicht sagen, dass Katzen nicht pinkeln, aber man muss ihnen lassen, dass sie sich sehr dezent entleeren. Der mit Stammbaum und diversen tadellosen Katzenklos ausgestattete Lord Greystoke zum Beispiel pinkelte mit Vorliebe in die Schuhe seines adligen Herrchens, zusammen waren sie zu sieben Achtel blaublütig. Er tat das, um einer gewissen Enttäuschung Ausdruck zu verleihen, woraufhin sein Herrchen drohte, das Gleiche bei seinem brokatenen Bettchen zu tun. Am Ende fanden sie zu einem Gentlemen's Agreement und waren quitt wie normale Sterbliche. Beide hatten einen wunderbaren Charakter, allerdings war die Katze ein noch größerer Snob. Ich habe viele wunderbare Jahre mit den beiden verbracht und sie mit mir hoffentlich auch.

Greystoke war ein reservierter Kater, er ließ sich nicht auf jeden ein und warf sich nicht dem Erstbesten an den Hals wie Spritz, er blamierte sich so gut wie nie, was allerdings weniger seiner Erziehung als seiner Zeit zuzuschreiben war. Greystoke wurde geboren, als noch niemand sich auch nur im Entferntesten das Desaster der Lehman Brothers vorstellen konnte: Angestellte, die mit Pappkartons voller Papierkram auf die Wall Street geschwemmt wurden. Spritz ist im Jahr des Crashs geboren, in einer Pappkiste, und vielleicht endet er auch in einer Kiste, genau wie ich. Man muss sich die Unterschiede bewusst machen. Greystoke liebte es, Bellini in Harry's Bar zu schlürfen. Und Spritz, na ja … der Name sagt alles.

Wenn ich sage, dass wir Pappschachteln waren und wieder zu Pappschachteln werden, bezieht sich das nicht nur auf das Platzen der Finanzblase oder die Tatsache, dass es im gesamten Universum keine glühenderen Pappkarton-Fans gibt als Katzen, sondern auch auf etwas ganz Persönliches, nämlich dass ich früher oder später auf der Parkbank enden und mit Katzen reden werde: Wir werden uns leere Supermarktkartons und Futterdosen mit Thunfisch teilen, im Winter frieren und einander die Nase putzen. Und uns weiterhin Geschichten erzählen.

Aus Liebe aufgenommen, aber dazu geboren, frei und sie selbst zu sein

Zeit, die eine Schildkröte braucht, um einen Kilometer zurückzulegen: 4 Stunden.
Zeit, die ein Hase braucht, um einen Kilometer zurückzulegen: 1 Minute.
Zeit, die eine Schildkröte braucht, um das Haus eines Hasen umzustoßen: weniger als 1 Minute.
Zeit, um den Schaden zu beheben: unkalkulierbar.

Zu meiner Volljährigkeit habe ich mir sehnlichst einen Cinquecento gewünscht, sogar gebraucht und klapprig durfte er sein. Keine Ahnung, wieso ich stattdessen einen Silberfuchspelz bekam. Dazu sei gesagt: Damals waren Pelzmäntel in Triest noch üblich, zum einen wegen der Bora, dem kalten Nordwind, und zum anderen, weil ein Pelz immer was hermacht.

Das Tragen von Pelzen verhält sich umgekehrt proportional zur Einwohnerzahl eines Wohnortes: Je kleiner der Ort ist, desto mehr Frauen hüllen sich in gewaltsam ums Leben gekommene Tiere und flanieren damit die Flaniermeilen entlang. Sogar heute noch bekommt man in Triest und zahlreichen anderen von provinziellen Bewohnern bewohnten Provinzstädten unter 100 000 Einwohnern Pelzmäntel zu Gesicht.

Ich hatte also kein Auto, dafür aber einen Führerschein und einen Pelzmantel, der mich vielleicht vor der Bronchitis hätte schützen können, die einem unweigerlich blüht, wenn man die raue winterliche Bora mit einer Vespa Primavera 125 herausfordert, aber sei's drum. So, wie ich keine Gelegenheit hatte, in einen noch so schrottreifen Fiat Cinquecento zu steigen, bekam mein Pelzmantel nie die Gelegenheit, seine rechtmäßige, hustengeschüttelte Besitzerin zu umhüllen – abgesehen von äußerst raren, zwischen Gefälligkeit und Verdruss schwankenden Momenten und Gedanken wie: »Ich trage ihn, weil ich zeigen muss, dass ich das Geschenk zu würdigen weiß«, »Ich trage ihn, weil Kleider keine Leute machen« und so weiter.

Nachdem der Silberfuchs von grausamen Jägern zur Strecke gebracht oder von herzlosen Züchtern zu Tode gequält worden war, endete er im tödlichen Fangeisen zwischen Jugend und Erwachsensein. Eine äußerst schmerzvolle Phase sowohl für mich, als auch für den – wenn auch bereits gegerbten – Fuchs.

Doch inmitten des garstigen, als »Jugend« bezeichneten Nebels kann sich das Leben dann manchmal mit einem Schlag ändern. Jener Moment, der sich *shock of recognizing* nennt und den die Verhaltensforscher selbst bei Affen beobachten, führt dazu, dass die Dinge für immer eine andere Bedeutung annehmen: Der Schimpanse begreift plötzlich, dass Gegenstände zu Werkzeugen werden, dass ein Stock eine Waffe ist und dass das Tragen eines Pelzes sehr viel mehr bedeuten kann, als sich ein Fell überzustreifen, weil es draußen kalt ist.

Ständig wird heute darüber diskutiert, auf welcher Seite man steht, dabei kann ich mich noch ganz genau an den Moment erinnern, als mir eines Morgens, kurz vor Ende meiner Schulzeit, einige Dinge sonnenklar wurden: unter anderem, dass ich nie Faschistin sein und niemals Pelz tragen würde.

Natürlich waren beide Entscheidungen langsam herangereift, doch erst in diesem konkreten Moment kamen sie mir bestechend klar zu Bewusstsein. Draußen schneite es, und der Schulweg, der damals zu sämtlichen Gymnasien bergan führte, zwang zu einem mit Steigeisen bewehrten Marsch in Sichtweite der Universität, an der ich zwischen Veterinärmedizin und Psychiatrie würde wählen können; den beiden nächstliegenden Optionen in einer damals noch vor Natur strotzenden und aufgrund der Psychiatriereform von entlaufenen Verrückten bevölkerten Stadt.

Während die Schneeflocken vor dem Fenster zur Erde taumelten und Giogi sanft schnurrend auf meinem Bett lag, dachte ich: »Es ist, also ob man plötzlich eine Katze hat, nichts ist mehr wie vorher. Die Tage sind anders, der Rhythmus ist neu, die Gedanken verändern sich, selbst wenn man sich dessen nicht einmal bewusst ist. Das ist die Evolution der Arten. Und der Art von Leben, das du dir gerade erschaffen willst.«

Schließlich lebt man nur einmal, wieso sollte man sich also um das Glück bringen, es mit einer Katze zu teilen?

Was hat nun der Fuchspelz mit Katzen zu tun?

Er hat etwas damit zu tun, denn er wurde mir mit Liebe geschenkt und hat mich in einen Konflikt zwischen Dankbarkeit und Freiheit gestürzt – den größten Konflikt meines Lebens, den ich mit Katzen teile, mit allen Katzen, die aus Liebe aufgenommen wurden, aber dazu geboren sind, frei und sie selbst zu sein.

»Eine Katze bietet keine Dienste an. Eine Katze bietet sich selbst an. Natürlich will sie Zuneigung und Fürsorge. Liebe hat schließlich ihren Preis.«

Schon wieder William Burroughs.

Katzen legen großen Wert darauf, den Menschen, die

nett zu ihnen sind, ihre Dankbarkeit zu zeigen. Hindern diese Menschen sie jedoch daran, sie selbst zu sein, und erwarten als Gegenleistung uneingeschränkte Gunst, kann das Gebäude der guten Vorsätze ganz schnell in sich zusammenstürzen.

Erweist sich das zahlreichen Beziehungen zugrunde liegende Prinzip *do ut des – Ich gebe, damit du gibst –* als Knebel statt als Garant eines unbeschwerten, ersprießlichen Miteinanders, sind Enttäuschungen vorprogrammiert.

Es ist, als würde man sagen: »Ich habe dich mit meiner ersten Dose Katzenfutter, mit dem ersten Happen Hackfleisch gerettet«, und dann verlangen, dass die Katze ihr Leben lang nach unserer Pfeife tanzt. Friss oder stirb. Doch nichts ödet Katzen mehr an als stereotype Abendessen und festgefahrene Dialoge. Katzen sind ihren Rettern unendlich dankbar, doch das zum alleinigen Beziehungsmaßstab zu machen, lehnen sie vehement ab. Machtstrukturen interessieren sie nicht, sie fühlen sich niemandem weder über- noch unterlegen, sie befehlen nicht und lassen sich nicht befehlen und machen sich allenfalls einen Spaß daraus, nicht zu gehorchen: Es will ihnen einfach nicht in den Kopf, weshalb Menschen soviel Trara um Hierarchien machen, es würde doch reichen, das Wort »Macht« durch »Wohlbefinden« zu ersetzen, und alles liefe glatt wie frisch gebürstetes Fell. Deshalb sind Katzen so erpicht darauf, für ihr eigenes Wohlbefinden und das ihres Nächsten zu sorgen.

Schlägt das Wohlbefinden in Unwohlsein um, gehen sie lieber, statt eine gescheiterte Ehe endlose Jahre in die Länge zu ziehen. Sie fechten keine zermürbenden Rechtstreits um Alimente aus, weil sie wissen, dass sie auch auf der Straße nicht verhungern werden: eine Maus, ein Vögelchen, Abfall, der vor dem Restaurant *Il Pescatore* liegen geblieben ist.

Seinen Nächsten lieben wie sich selbst: nicht mehr und nicht weniger. Das Ungleichgewicht hinnehmen, oder besser, sich darin üben, auf dem zwischen dem Wir und dem Ich gespannten Seil die Balance zu halten, wohlwissend, dass das Sicherheitsnetz schon vor langer Zeit zerrissen ist.

Katzen bringen uns bei, wie man sich bewegt. Nur äußerst selten sind ihre Bewegungen nicht zielgerichtet, deshalb nennt man sie harmonisch. Sie bewegen sich geschmeidig, weil sie geschmeidig denken.

Auch wenn Spritz bei seinen Sprüngen hin und wieder stürzt.

Dann fühle ich mich, als würde ich selbst in meinem Inneren stürzen, und in diesen seltenen Momenten verspüre ich echte Angst.

Vielleicht habe ich es einfach nicht übers Herz gebracht, mich eines mit Liebe gemachten Geschenkes zu entledigen, oder ich glaubte, irgendwann würde der Pelz mir noch nützlich werden, vielleicht als verrückter, aber hellsichtiger Alten – jedenfalls bin ich jahrelang mit dem Pelz von Stadt zu Stadt und von Wohnung zu Wohnung gezogen. Ein weißer, mit der Zeit vergilbender Fuchspelz in einem schwarzen Plastiksack.

Ich hätte ihn verkaufen oder verschenken oder sonst wie loswerden können, doch ich schaffte es nicht: Bis vor wenigen Jahren hatte ich nicht einmal den Mut, ein Geschenk umzutauschen. Heute schon, heute kann man sogar dazu stehen und es als Recycling ansehen, wenn der Umstand nicht allzu bedeutend ist – *symbolisch* gesehen, meine ich. Trotzdem bin ich nach wie vor der Meinung, ein Geschenk umzutauschen ist wie eine Schönheits-OP: Was ist so toll daran, sich mit etwas zu schmücken, das einem nicht wirklich geschenkt ist?

Die Wirtschaftskrise und die verstreichenden Jahre sind schlechte Berater.

Katzen nicht.

Katzen haben einen sehr ausgeprägten Sinn für Würde. Sämtliche Katzen, unabhängig von Vermögen, Rasse oder Religion, sind unter den Habsburgern geboren, genau wie meine Vorfahren. Selbst die heruntergekommensten, degeneriertesten, verlottertsten und räudigsten Katzen haben ihre Prinzipien.

Der einer liebevollen Geste aus prä-ökologischer Zeit geschuldete Pelz würde für mich erst in post-ökologisch-biodynamischen Zeiten ohne Tantra-Mantra, Heilsteintherapien, Lebens-Coaching und dem Diktat politischer Korrektheit tragbar werden. In einem Lebens- oder Bewusstseinsabschnitt also, in dem das Jenseits ein öffentlicher Park und Winterkälte ist, vor der man sich schützen muss, um die streunenden Katzen zu schützen. Deshalb habe ich den Pelz über so viele Jahre aufgehoben. Für unsere Zukunft. Für die Rückkehr zu den Anfängen der Geschichte, meiner und der der Katzen, die dann wieder wild durch die Ersatzwälder, Möchtegernsavannen und Pseudoprärien der Stadtparks streifen.

Um den Bann zu brechen oder zu verhindern, dass die Prophezeiung sich erfüllt, hat jemand den Pelz für mich weggeworfen. Ich habe es nie über mich gebracht, es Spritz und Schatzi zu beichten.

Anti-Age-Katzen

Jetzt bin ich ein bisschen müde. Ich lege mich aufs Sofa. Und schon sind meine beiden wandelnden Pelze binnen einer Katzensekunde da.

Wie lang dauert eine Katzensekunde?

Das konnte noch niemand mit Genauigkeit feststellen, nicht einmal die Schweizer. Je nachdem kann sie wenige Minuten oder mehrere geologische Zeitalter dauern.

Wie meine Katzen im Bett die gesamte Fläche in Beschlag nehmen, nehmen sie auf dem Sofa mich in Beschlag. Ich werde Sofa, sie werden ich. Wie Wasser sich in Dampf verwandelt, versetzt der Wärmeaustausch uns in einen anderen Zustand, wir werden leichter, die tänzelnde Berührung ihrer Pfoten wird sanfter, ein Zuckerwatteballett. Wieder erlaubt sich die Zeit, Zeit zu verlieren.

Nur Katzen können die Zeiger zum Stillstand bringen: Katzen sind per se *anti-age.*

Wir wissen nicht mehr, wer wir sind oder wie lange wir noch leben, und es ist uns egal. Ein bedächtiges Sich-Lecken, Beknabbern, Zusammenrollen, die Wolldecke knüllen, sich darunter und darauf, backbord auf ein Knie, in die Armbeuge, zwischen Wange und Hals Legen, vermeintlich schlafen, vermeintlich wach sein, die Ohren spitzen, an den Haaren ziehen, die Nasenspitze mit der kalten, feuchten Nasenspitze küssen wie Eskimos, im Moment höchsten Genusses ein weiteres halb geöffnetes Lid zeigen, miteinander raufen und wieder Ruhe geben. Einander Frieden schenken, wohlwissend, dass keiner von uns dreien das Geschenk umtauschen wird.

Bis der Hunger kommt. Katzen regieren über die Zeit nach Kriterien des Wohlbefindens in all seinen genussvollen Varianten; doch wenn der Urinstinkt, sich den Magen zu füllen, im Hirnstamm aufflackert und durch die Evolutionsschichten an die Oberfläche dringt, um sich dort opportunistisch und durchtrieben mit den ausgebufften Verhaltensweisen jahrtausendelanger Domestikation zu paaren, ist es Zeit zu fressen. Auch die wohlgenährtesten Katzen haben sehr oft Hunger. Hauskatzen haben auch dann Hunger, wenn sie keinen Hunger haben. Darin ähneln sie den Menschen: Wenn mein Lieblingsrestaurant um sieben Uhr öffnet und die Gesellschaft angenehm ist, sollte ich wohl hingehen; zwar hab ich keinen großen Appetit, aber irgendetwas Gutes wird die Speisekarte schon hergeben: Rind mit Thunfisch, zarte Hühnchenhappen in Krabbensauce, Seebarsch mit Glasfischchen und noch einmal Thunfisch mit Aloe, Papaya, Mais und Reis …

Legt man der Katze hingegen eine kleine Eidechse oder Ähnliches in den Napf, wird selbst ihr Reptiliengehirn aufbegehren: Für was hältst du mich, Blödmann, für einen Höhlenbewohner?

Im Jahr 1958 machte Doktor Harry Harlow verschiedene Experimente mit Affen: Von der leiblichen Mutter getrennte Makakenbabys bekamen eine »künstliche Mutter«, eine Metallpuppe, die sie im richtigen Moment mit Futter versorgte. Dennoch zogen die kleinen Makaken eine künstliche Mutter aus weichem Stoff vor, die ihrer echten Mutter ähnelte, ihnen aber kein Futter gab. Das Experiment zeigte, dass physischer Kontakt ein Urbedürfnis ist, ganz unabhängig von der Befriedigung physiologischer Triebe: eine wissenschaftliche Erkenntnis, die ich jeden Tag mit eigenen Augen beobachten kann.

Wenn sie nicht zu lange auf Nahrung verzichten mussten, fressen meine Katzen erst, nachdem sie gestreichelt und liebkost wurden, nicht vorher.

Katzen lieben einen nicht, weil man sie ernährt. Katzen ernähren sich, weil man sie liebt. Ansonsten fressen sie, um zu überleben, doch sie wissen ganz genau, was für einen großen Unterschied ein Tête-à-Tête bei Kerzenlicht machen kann (wobei sie tunlichst darauf achten, sich nicht den Schwanz oder die Schnurrhaare zu versengen).

Ganz deutlich wird das, wenn man Spritz bei Tisch beobachtet. Während er am Boden vor seinem Napf hockt und beim Fressen immer wieder verstohlen zu seinem Kumpel hinüberblinzelt – wehe, du nimmst mir was weg, dann haue ich dir in einer Katzensekunde eine runter –, frisst Spritz bei Tisch nicht direkt aus dem Napf, sondern greift sich, weil er sich mit Messer und Gabel noch schwertut, einen kleinen Probierhappen mit den Krallen und führt ihn vorsichtig zum Mund. Mit seinem zerstreuten Herumstochern gibt er mir zu verstehen: »Das Essen ist mir eigentlich schnuppe, Fressen ist nur ein Vorwand, um deine Pfote zu streicheln, wenn du mir den Teller hinstellst, oder einen sanften Blick zu wechseln. Ich mag es, mit dir zu Abend zu essen, zu plaudern oder dir in die Augen zu schauen, bis du nichts mehr sagst und mich machen lässt.« Ständig fühle ich mich für alle verantwortlich, doch wenn Spritz die Situation in die Hand nimmt und mich mit seiner kätzischen Leichtigkeit über sämtliche Sorgen und Enttäuschungen hinweg ins Reich der Katzen trägt, bin ich glücklich. Einfach ausschließlich, vollkommen, total, rundum und bis über beide Ohren glücklich.

Solange man eine Katze um sich hat, gibt es Hoffnung

Die berühmte Schimpansenforscherin Jane Goodall behauptet, das Schlimmste, was Menschen Tieren antun können, sei die Vermenschlichung. Eine unumstößliche Wahrheit für jemanden, der vierzig Jahre lang im Gombe-Stream-Nationalpark in Tansania zugebracht hat, um nichtmenschliche Primaten zu erforschen.

Aber wie halten wir es mit der unweigerlichen *Verkatzung*, der die menschlichen Primaten ausgeliefert sind, sobald sie ihr häusliches Leben mit Katzen teilen?

Meine Katzen verkatzen mich mindestens ebenso sehr, wie ich sie vermenschliche: Wenn ich nicht weiß, wem ich das Gesicht zerkratzen soll (besser gesagt, ich weiß es, aber ich beherrsche mich), mir aber unbedingt Luft machen muss, zerkratze ich das Sofa.

Ein zerkratztes Sofa ist wie ein Perserteppich mit Webfehler: ein Beweis von Authentizität, von Geduld und Ungeduld, von einer vollbrachten Tat. Es gewinnt an Wert.

Vollkommenes Glück ist nicht leicht zu finden, es begegnet einem nur selten. Ich erinnere mich an Momente, in denen das Leben mir einfach perfekt erschien, doch womöglich hat mein wankelmütiges Gedächtnis mir meine Erinnerungen versüßt.

Mit Katzen zu leben ist eine stete Erinnerung daran, dass man glücklich sein kann. Das durch Katzen geschenkte Glück ist nicht dramatisch, verhängnisvoll oder exzessiv, sondern auf die Bedürfnisse des Alltags abgestimmt: Ohne Katzen könnte er trostlos sein, mit ihnen aber nimmt er eine ganz andere Färbung an: Egal, was passiert, Katzen sind der Regenbogen nach dem Gewitter.

Mit einer Psychologin habe ich mich über die Fähigkeit einiger Menschen unterhalten, mehr zu sehen (die proportionalen Gesetzmäßigkeiten eines Mondrian-Bildes beispielsweise), mehr zu hören (Musik mit dem inneren Auge wahrzunehmen) und sich an mehr zu erinnern (wie der berühmte, vom Neuropsychologen Alexander Lurja analysierte Gedächtniskünstler Solomon Schereschewski, der nichts vergessen konnte und einen gigantischen Erinnerungsballast mit sich herumschleppte), versteckte Zahlenmuster oder die vollkommene Harmonie einer Partitur zu erkennen und alles Erlebte im Kopf zu behalten. Doch niemand könnte ständig hundert Prozent aller Sinneseindrücke ertragen. Während Ehrgeiz, Bewunderung oder unüberwindlicher Frust uns manchmal wünschen lassen, in einem hypothetischen nächsten Leben mit einer besonderen Gabe wiedergeboren zu werden oder von diesen Unmassen an Zahlen, Klängen, Farben und Erinnerungen befreit zu sein, wissen Katzen es besser.

Auf leisen Pfoten schleichen sie sich in unsere Tage, um uns zu zeigen, dass alles existiert, aber in gewissen, individuell abgestimmten Dosen genossen werden muss.

Katzen trösten über die Kompromisse des Alltags hinweg. Und schenken uns dafür jeden Tag kleine, buchstäblich kompromisslose Augenblicke. Niemand kann das besser als sie. Deshalb hält man sie für göttlich. Sie versöhnen Gegensätze und befrieden Konflikte, und sei es nur für einen kurzen Augenblick: Manchmal ist es nur ein Geistesblitz, eine jähe Ahnung, wie das Aufzucken eines Schwanzes, doch dauert sie die Katzensekunde, die es braucht, um die Gewissheit vollkommener Schönheit zu spüren. Solange man eine Katze um sich hat, gibt es Hoffnung.

Die Privatsphäre

Wie lange währt Schönheit?

Dauer eines Wimpernschlags: 300 Millisekunden. Ein verschwindend kurzer Moment, der sich jedoch nicht rückgängig machen lässt. Dauer unseres Abends? 572 Meter.

Das sind die Meter, die wir zwischen Küche und Schreibtisch, Schreibtisch und Sofa, Sofa und Bad, Bad und Schreibtisch, Schreibtisch und Kühlschrank und so weiter zurücklegen werden.

Wieso folgen Katzen einem auf Schritt und Tritt?

Ihre Psyche ist der unseren eindeutig überlegen, sodass es ihnen egal ist, was der andere über sie denkt (selbst wenn sie sich wie Hunde aufführen); und da sie klug geboren sind, es jedoch nicht nötig haben, mit ihrem Wissen zu prahlen, benehmen sie sich gänzlich ungezwungen: Sie spielen für ihr Leben gern Verstecken, Räuber und Gendarm, Gefangener und Wächter.

Meine beiden Katzen bewachen mich viele Stunden täglich. Eine rechts, die andere links, auch die Variante guter Wächter, böser Wächter ist beliebt, bei der die eine mich feierlich anstarrt, als wäre ich die Muttergottes, während die andere sich wahlweise auf meinen Unterlagen, meinem Buch oder mir räkelt, die Pfote reckt, um mit kalkulierter Unachtsamkeit Stifte, Feuerzeuge und andere Gegenstände herunterfallen zu lassen oder »haiku« in Ostgotisch auf meiner Computertastatur zu tippen, ohne mich dabei aus den Augen zu lassen. Die Rollen können ständig wechseln, ohne dass es jemandem langweilig wird. Vielleicht fürchten sie um meine vergleichsweise labile Psyche und wollen mich keinesfalls allein lassen, oder sie verhüllen mit diesen billigen Tricks ihre Schwäche, überall ihre Nase hineinstecken zu wollen.

Katzen müssen ständig wissen, was man tut, wohin man geht, mit wem man zusammen ist, was man denkt, wie sehr man an sie denkt: Wer mit Katzen zusammenlebt, weiß, dass es *keine* Privatsphäre gibt.

In der Privatsphäre meiner streng abgeschiedenen Wohnung, dem einzigen Bollwerk, in dem jeder tun darf, wozu er gerade lustig ist, machen die Katzen, was sie wollen: eine perfekte Zweckgemeinschaft, ein Bund von Wahlverwandtschaften, eine Übereinkunft zärtlicher Gefühle.

Natürlich hat jede Katze ihre eigenen Vorstellungen von Privatsphäre.

Als direkter Abkömmling jener Populationen, die das ehemalige österreich-ungarische Kaiserreich bevölkerten, war Greystoke ein linker Monarchist wie meine

Tante, die sich gern so zu nennen pflegte und dann lauthals über ihre maßlose Übertreibung lachte. Ein linker Royalist wie alle königlichen Katzen, auch wenn sie die Mülltonnen nach Gräten und Fischköpfen durchwühlen und fröhlich auf sämtliche gesellschaftliche Kindereien pfeifen, mit denen sich die menschlichen Primaten herumschlagen.

Wie dem auch sei, wenn ein menschlicher Primat an dem dafür vorgesehenen Ort sein kleines Geschäft erledigte, tat Greystoke es ihm im Bidet daneben gleich, um all seine demokratische Solidarität zum Ausdruck zu bringen. Aktive Anteilnahme war ihm wichtig.

Spritz und Schatzi tun das nicht, sie beschränken sich darauf, dem Akt beizuwohnen, der eine wie immer rechts, der andere links, in gesammeltem Schweigen, es sei denn, die Sache dauert doch etwas länger, dann wird versucht, mit ausgefahrenen Krallen an den – umständehalber – meist nackten Beinen empor auf den Schoß zu klettern.

Dafür war Greystoke in Sachen Sex sehr diskret. Sobald er gewisse Bewegungen auf seinem Bett registrierte, blieb er auf der Türschwelle stehen, wartete ein in seinen Augen angemessenes Weilchen, zog sich, wenn das Gefummel nicht nachließ, unauffällig zurück und tauchte erst wieder auf, sobald der Sturm sich gelegt hatte.

Schatzi ist da völlig anders, er würde sein Bett nie freiwillig verlassen, selbst wenn man eine Atombombe zünden würde. Egal, was sich unter der Decke abspielt, er hält die Stellung; die Decken sind sein rechtmäßiges Eigentum, und wer oder was auch immer sich darunter tummeln mag, er schaukelt mühsam festgeklammert auf den stürmischen Wogen, wild entschlossen, sein Schiff nicht zu verlassen. Ihm muss niemand befehlen, über die Jakobsleiter zurück an Bord zu klettern.

Spritz bleibt oder geht oder taucht mit einer Plüschmaus im Maul wieder auf. Stolz legt er seine Beute aufs Bett und wartet. Wenn niemand reagiert, scharrt er. Das ist seine Art, sich in das Spiel einzubringen.

Einige Gelehrte behaupten, dass die Darbringung des erjagten Fangs nicht nur dazu dient, etwas zum Familienleben beizutragen oder den Beschenkten zu ehren, sondern auch, um ihm das Jagen beizubringen wie Mutter Katze, die ihre Jungen zur Unabhängigkeit erziehen will. Gewiss haben die Gelehrten recht, doch in diesem speziellen Fall soll es, glaube ich, vor allem bedeuten: »Sieh zu, dass du diesen Eindringling verjagst, sonst bleibt mir nichts anderes übrig, als mich dazwischenzuwerfen und mitzumauscheln, verstanden?«

Wenn auf seinen ersten Versuch mitzumauscheln niemand reagiert, ist Spritz gern beleidigt, was entweder bedeutet, dass er empört abzieht und für eine Weile verschwunden ist oder im Handumdrehen mitsamt dem kompletten Arsenal wieder auftaucht: noch mehr Mäuse, Bälle, Delfine, Gummimonster, Korken. In seinen Augen sind menschliche Erwachsene oft sehr viel begriffsstutziger als jedes frisch entwöhnte Katzenjunge, weshalb ihm nichts anderes übrig bleibt, als den Lernprozess fortzusetzen, sich mit Geduld zu wappnen und zu hoffen, dass bei diesen unbehaarten, formlosen Wesen, die sich unter den Decken kugeln, irgendwann etwas hängenbleibt. Man könnte daraus schließen, das Spritz es mit seinen Nervereien nur gut meint.

Doch wenn man sieht, wie er sich in den Bart kichert, ist sofort klar, dass er nur so tut als ob. Spritz hasst es, nicht mitspielen zu dürfen, egal bei welchem Spiel. Sein Motto lautet: »Wenn's was zum Spielen gibt, bin ich dabei. Wenn's was zu Kuscheln gibt, bin ich dabei, wenn ihr glaubt, ihr könnt mich ausschließen und euren eigenen Kram machen, kann ich, wenn es sein muss, auch aus vollem Hals miauen. Ich tue so, als würde ich entsetzlich leiden, und irgendwann steht einer von euch auf, um nachzusehen, was diesem armen, alleingelassenen, seit gut zehn Minuten einem Einsamkeitssyndrom anheimgefallenen und am Wiederaufbrechen der narzisstischen Primärverletzung leidenden Kater bloß zugestoßen sein könnte!«

Normalerweise bin ich diejenige, die aufsteht.

Manchmal erweist es sich als hilfreich, wenn auch unzureichend, die Tür zu schließen, obgleich man sich damit der Majestätsbeleidigung schuldig macht.

Katzen sind der Erotik also nicht gerade förderlich, zumindest was die Erotik anderer betrifft. Als große Verführer lassen sie sich nicht gern unterbuttern. Dabei sind sie keine Don Juans: Haben sie sich einmal eingegliedert, leben sie gern in einer Kolonie und neigen dazu, jedwedes Eckchen der Wohnung und, wenn möglich, jedweden Moment des häuslichen Lebens zu kolonisieren.

Immerhin sind Katzen die einzigen Lebewesen, die ihren Lebensraum wirklich wie ihre Westentasche kennen, jeden Winkel erforschen und genau wissen, was sich hinter den eingebauten Haushaltsgeräten versteckt, wie es ganz hinten in einer Schublade riecht, wie viel Spaß es macht, sich in einer leeren Badewanne zu räkeln, wie viel Staub die Bücher auf dem obersten Regalbrett fressen und wie viele Ameisen im Luftschacht hausen, denn nur sie haben reichlich Zeit damit zugebracht, sie kurz vor einem Frühlingsgewitter mit hausmeisterlicher Gründlichkeit zu zählen, als die kecken Ameisen im Gänsemarsch bis zur Festung ihres Fressnapfes vordrangen.

Für sie, und nur für sie, sind Karte und Territorium deckungsgleich.

Mir bleibt nichts anderes übrig, als in der Wohnung meiner Katzen zu wohnen, schließlich kennen sie sie besser als ich: Ich komme mir vor wie eine strebsame Studentin, die ihre Tage in der Stadtbibliothek zubringt.

Ich fülle den Leihschein aus und frage Spritz nach der Signatur des Buches XY.

»Tut mir leid, das ist bereits ausgeliehen«, antwortet er und hebt nur ein Lid.

»Sind Sie sich sicher?«, frage ich. »Wer interessiert sich denn heute noch für *Der Mann ohne Eigenschaften?*«

»Ich, ich schlafe nämlich darauf. Kommen Sie morgen wieder. Oder besser übermorgen, ich bin noch nicht ganz durch.«

Ich gehe zum nächsten Schalter.

»Entschuldigen Sie, ich suche *Yoga für Katzen*, ein Standardwerk, aber leider vergriffen.«

Schatzi dreht sich um, wendet mir seelenruhig sein seidenes Hinterteil zu und denkt nicht einmal daran, mir zu antworten.

Die Wiedergeburt von Marcello Mastroianni

Gesamtlänge des Orgasmus bei einer durchschnittlichen Lebensdauer von 78 Jahren: 16 Stunden.
Gesamtdauer der mit Hausarbeit (waschen, bügeln…) verbrachten Zeit: 9 Monate.
Zeit, die man nach seiner Katze sucht, die sich irgendwo

versteckt hat: verschwendet. Sie taucht erst wieder auf, wenn sie es will, umgeben von einem reizenden Duft nach Bettdecke.

Der abgedroschenste Gemeinplatz über Katzen ist der ihrer sieben Leben. Ich wünschte, Katzen hätten unendlich viele Leben oder wären immer noch beim ersten und hätten weitere sechs zur Verfügung. Doch ehrlich gesagt glaube ich nicht, dass Spritz noch bei seinem ersten Leben ist, weil er vorher garantiert Marcello Mastroianni war.

Wenn ich ihn im Profil betrachte, sehe ich die gleiche Nase, rosa, zierlich und vollkommen, nicht zuletzt wegen eines winzigen Buckels auf dem Nasenrücken, der ihn einzigartig macht und ihm fast etwas Schüchternes verleiht. Er hat das gleiche kleine scheinheilige Lächeln, dieselbe Art, wie zufällig zu blinzeln, und vor allem das gleiche Wesen. Einer seiner Lieblingsgesichtsausdrücke ist eine Mischung aus Verwunderung und inständigem Liebesflehen: ein niemals bedrohlicher Verführer, ein zahmer, dauerverliebter Liebhaber, schlitzohrig und treulos, der einem dennoch stets das Gefühl gibt, schön und unwiderstehlich zu sein. Der große, sanfte Eroberer, der die Herzen mit einem rauchig ins Ohr gehauchten Miau bricht.

Wie Marcello ruft Spritz Bewunderung und Zärtlichkeit hervor. Es ist fast unmöglich, sich nicht auf den ersten Blick in ihn zu verlieben, denn – seien wir ehrlich – Spritz hat's voll drauf: Manchmal wirft er einem einen scheinbar abwesenden Blick zu, dann wiederum sieht er einen so durchdringend an, dass man betreten wegschaut. Er erobert einen, weil er einem zu verstehen gibt, dass er bereits alles verstanden hat: »Ich habe keine Angst«, sagt er, »egal, was du bist.« Spritz kann zuhören, ohne zu verurteilen. Er liebt die Menschen so, wie sie sind. Mag er sie nicht, macht er daraus keinen Hehl. Deshalb kann ihm niemand widerstehen.

Verführung pur, die über das zweifellos gute Aussehen hinausgeht. Eigentlich war Paul Newman für die Rolle in *Das süße Leben* im Gespräch, doch Fellini sagte zu Marcello: »Paul Newman ist ein Star, ich brauche ein Allerweltsgesicht«, und Marcello war nicht beleidigt, er wurde noch nicht einmal sauer, als er zu hören bekam, sein Gesicht sei provinziell und seine Hände für einen Intellektuellen zu klobig. »Ihr könnt mir ja die Finger langziehen, was soll's?«

Für die, die sich vom äußeren Schein blenden lassen wollten, gab es natürlich die Marlon-Brandos, Sean-Connerys und vor allem die Alain-Delons, doch Marcello wollte niemanden blenden, er war einfach nur Marcello, und das machte ihn so unwiderstehlich. Er war nicht der typische Macho, sondern besaß eine ganz eigene, verlockende und zugleich scheue, samtpfotige Empfindsamkeit.

Marcello sagte, Schauspieler seien Schauspieler, weil sie dahinterkommen wollten, welches Tier in ihnen stecke. Im Fernsehen sah er sich ausschließlich Tierdokus an, ausgenommen Vögel, die mochte er nicht, weil sie keine Gefühle zeigten.

Der einzige Unterschied zwischen Marcello Mastroianni und Spritz Amore besteht darin, dass Spritz ein gewisses Interesse an Vögeln zeigt (vor allem an den ahnungslosen, die sich manchmal auf dem Balkon niederlassen), allerdings längst nicht so ein lebhaftes wie Schatzi.

So viel dazu, damit auch der katzenunerfahrene Leser weiß, mit wem er es zu tun hat.

Romantik auf Katzenart

Zahl der Filme mit Marcello Mastroianni: 147. Zahl der Filme mit Spritz Amore: 2190. Das ist, gerechnet bis heute, praktisch alle 24 Stunden einer.

Spritz' schmeichlerische Art sorgt gern für Streit, und häufig muss ich Schatzi verteidigen und ihm den Rücken stärken, denn obwohl er in Beziehungsdingen einiges dazugelernt hat, seit er bei uns wohnt, kommt er immer wieder unter die Räder.

Zudem schielt Schatzi, weil er halb Siamkatze ist.

Schielen ist eine genetische Eigenart dieser Rasse, und in dem Punkt scheint Schatzi ganz nach der Mutter zu kommen. Der Vater ist unbekannt, eine der namenlosen Hofkater des Bauern, bei dem Schatzi zur Welt kam: Frucht einer leidenschaftlichen Liaison nach langem Werben oder eines zufälligen One-Night-Stand, man weiß es nicht. *Mater semper certa.*

Und so passiert es immer wieder, dass ich Schatzi gegen Spritz' stille, herzerweichende Präsenz verteidigen muss. Um wieder auf ein Beispiel aus der Filmwelt zurückzugreifen: Es ist schwer, sich in Carlo Verdone zu verlieben, wenn Toni Servillo mit im Bild ist, und dennoch haben wir sie in zahlreichen Filmen auf unterschiedliche Art geliebt. Jep Gambardella beherrscht die Leinwand im Guten wie im Schlechten. Die von Carlo Verdone verkörperte Wahrhaftigkeit mag anrührender und schmerzvoller sein, doch Jep in seinen roten und gelben Jacketts hat das Zeug, eine Party zum Bombenerfolg oder zum Fiasko werden zu lassen.

Schatzi ist auf andere Weise liebenswert, einfühlsam und klug. Er ist der Fleißigere, der trotzdem immer schlechter abschneidet als Spritz. Er wird älter geschätzt, obwohl er der Jüngere ist, und weniger gestreichelt, obwohl er zärtlicher sein kann. Zudem ist Schatzi äußerst romantisch. Er schärft seine Krallen an den Türen der Küchenschränke und träumt davon, die jahrhundertealten Bäume des Pariser Père Lachaise mit anmutigen, tiefsinnigen Graffitis zu verzieren. Deshalb hat er nie den nötigen Zynismus entwickelt, den es braucht, um gesellschaftlich erfolgreich zu sein.

Mit seinem halb ossianischen, halb siamesischen Wesen ist Schatzi eine Katze für scheuere, sanftere Kenner. Schatzi liebt die Lieder von Gino Paoli: Bei *Senza fine* verdreht er die himmelblauen Augen gen Himmel, und *Il cielo in una stanza* lässt ihn schier durchdrehen vor Wonne. Selbst ich, die ich ihn in seinen Vorlieben, Neigungen und Begabungen rückhaltlos bestärke und gegen Miesmacher verteidige, kriege bei seiner Schwäche für Fahrstuhlmusik stumpfe Zähne, aber bei manchen Dingen stellt er die Ohren – diese kleinen, abgerundeten, samtigen Dreiecke, die bei genauerer Betrachtung durchaus in der Lage sind, sich alles verzeihen zu lassen – einfach auf Durchzug.

Außerdem wissen viele nicht, dass die zuvor erwähnte Schieläugigkeit charakteristisch für Siamkatzen ist, weshalb sie sich krampfhaft bemühen, Schatzi in die Augen zu sehen; diese sind jedoch ihrerseits damit beschäftigt, einander anzusehen, was den zwangsläufig ausgeschlossenen Beobachter regelmäßig die Geduld verlieren lässt. Damit wird er zur leichten Beute für Spritz' weit aufgerissene Pupillen, die gleich noch ein bisschen heftiger funkeln, wenn es darum geht, seiner Eitelkeit zuliebe ein paar Komplimente einzuheimsen. Doch kaum erkläre ich die Sache mit Schatzis Augen, bekomme ich den Vorwurf zu hören: »Also bist du doch die Erste, die Spritz lieber mag.« Das stimmt nicht.

Oder vielleicht stimmt es, aber es ist nicht leicht zuzugeben, dass man nicht alle auf dieselbe Weise lieben kann, damit bricht man eines der großen italienischen Familientabus; doch wenn ich genau darüber nachdenke, ist es eben dieser Erkenntnis geschuldet, dass Schatzi mit Aufmerksamkeit überschüttet und mit Samthandschuhen angefasst wird – viel mehr als Spritz, der dagegen gern einmal einen Rüffel bekommt, vor allem wenn er darauf besteht, im Waschbecken zu schlafen, obwohl gerade Zeit zum Zähneputzen ist.

Spritz ist durchschaubar wie ein offenes Buch. Der orientalisch angehauchte Schatzi ist ein Hieroglyph, unnahbarer und spröder. Wenn es allerdings um das Fangen fliegender Lebewesen geht, ist er sehr viel besser als Spritz, zwar nicht so behände, aber flinker. Spritz zieht es vor, sich bedienen zu lassen.

Die Pietà der Katzen

Beim Beobachten meiner Katzen habe ich noch etwas gelernt. Jeder von uns kann einen Erzfeind haben, und manchmal sind wir selbst unsere ärgsten Feinde – wir sabotieren uns im verzweifelten Versuch, das Drehbuch unseres Lebens nicht enden zu lassen, und mag es noch so unerfreulich sein. Doch ein Gefühl kann uns helfen, die Grenzen unserer eigenen Story zu überwinden und die gebotene Nachsicht wider unserem Nächsten walten zu lassen: Erbarmen – *pietà*. Ein vergessenes Gefühl, sehr altmodisch. Sofort kommt einem die *Pietà* von Michelangelo in den Sinn oder der Ausspruch »das ist erbärmlich«, der den Wortsinn jedoch ins Negative verkehrt. Oder »sich erbarmen«, was das erbarmungswürdige Objekt jedoch unweigerlich herabmindert. Gemeint ist auch nicht das Mitleid, das Fotoreportagen aus der dritten, vierten oder fünften Welt hervorrufen, Bilder von unterernährten Kindern mit tellergroßen Augen, von Naturkatastrophen und größter Not, die der Betrachter gewiss zu schätzen weiß (er wird sich an diesem Tag besser fühlen, hat er doch an all dem Unglück, das den Planeten erschüttert, Anteil genommen, und vielleicht wirft er dem erstbesten Bettler eine Münze zu, um seinem Übermaß an Güte zu huldigen und seine urinnersten Ängste zu vertreiben). Eine recht pornografische Form des Erbarmens, die sich bei einem niemals gleichwertigen Verhältnis zwischen Betrachter und Betrachtetem aus der schonungslosen Beobachtung fremder Tragödien speist.

Das Erbarmen, das ich meine, ist eine bescheidenere Form der Anteilnahme, ein kleines, aber aufrichtiges, tief empfundenes und demütiges Gefühl.

Wieder hat Spritz mir den Anstoß dazu gegeben.

Eines Sommerabends ist ein großer Nachtfalter ins

Schlafzimmer geflattert. Ein riesiger, hektischer brauner Falter. Ich bin der unerschrockenste Mensch, den ich kenne, vor allem, wenn es um Tiere geht (abgesehen von Käse ekele ich mich vor so gut wie nichts), aber ich muss zugeben, der riesige Falter, der über unserem Bett kreiste und wie eine verrückt gewordene Drohne überall anstieß, war kein besonders willkommener Gast, zumal angesichts der Vorfreude auf eine geruhsame Nacht.

Dank seiner engen Naturverbundenheit fing Schatzi sofort an hochzuspringen und seinem moppeligen Körper Flügel zu verleihen. Er erwischte den riesigen Falter mit der Pfote, bei dessen Anblick sich Spritz sofort sehr beunruhigt zeigte. Spritz unternahm nicht einmal den Versuch, ihn zu fangen, sondern zog sich ganz langsam rücklings auf die Türschwelle zurück, mit gerunzelter, von einem entzückenden gesträubten Fellbüschel gekrönter Stirn. Dort setzte er sich hin, weder drinnen noch draußen, und dachte nach.

In seiner 1966 verfassten Abhandlung *Die Sprache des Raumes*, die als Schlüsselwerk der Proxemik gilt, legt der amerikanische Anthropologe Edward T. Hall dar, wie sich die Bedeutung des Auf-der-Schwelle-Stehens je nach soziokulturellem Kontext ändert.

Im Türrahmen zu lehnen bedeutet für einen Nordeuropäer, bereits eingetreten und in fremdes Territorium vorgedrungen zu sein; für einen Südeuropäer ist man noch draußen; für einen Maghrebiner heißt es soviel wie: »He, du da hinten! Wir sind ewig weit auseinander, Bruder, von dieser Türschwelle aus kann ich dir höchstens eine Postkarte, ein Couscous oder einen Strauß Rosen schicken!«, für einen Spritziner heißt es: »Pff, ich weiß nicht, ob ich mit diesem fliegenden Scheiß was zu tun haben will, aber vielleicht entgeht mir was, keine Ahnung, ich muss ein bisschen drüber nachdenken.«

Ich habe geglaubt, Spritz hätte wie üblich beschlossen, Schatzi die Drecksarbeit zu überlassen: Irgendjemand muss sie schließlich erledigen. Die Hand und das Hirn. Wieder einmal hatte ich mich geirrt.

Schließlich ist es Schatzi gelungen, den Falter zu Fall zu bringen. Nicht ein Flügelzucken war mehr zu hören. Ich wusste nicht, wo er abgestürzt war: vielleicht hinter die Kommode zu den anderen archäologischen Fundstücken, die sich in den verborgensten und kätzischsten Winkeln des Hauses ansammeln. Schatzi hat wieder seine natürliche Haltung auf meinem Schoß eingenommen; Spritz, obwohl misstrauisch, ist ebenfalls ins Bett zurückgekehrt. Ich weiß nicht, welche Gedanken uns noch durch den Kopf geschwirrt sind, aber zwischen einem Schwirren und dem nächsten ist jeder von uns eingeschlafen.

Am nächsten Morgen ist alles ruhig. Wir frühstücken, Schatzi will ein Stück Keks probieren, Spritz schleicht umher. Er verschwindet im Wohnzimmer und miaut. Das tut er gern, also reagiere ich nicht und trinke meinen

Kaffee, doch Spritz kommt wieder in die Küche getrabt und miaut.

Die Szene wiederholt sich mehrmals, mit vergleichsweise häufigem Miauen und Kommen und Gehen. Ganz offensichtlich will er mir etwas zeigen. Ich folge ihm. In einer Ecke des Wohnzimmers kauert der Falter, er kann nicht mehr fliegen, ist aber auch noch nicht tot. Spritz sieht mich an und kauert sich neben ihn. Er rührt ihn nicht an, stupst ihn nicht, schlägt nicht nach ihm, er hockt sich einfach daneben und fängt an zu sprechen. Schatzi verfolgt die Szene aus gebührendem Abstand.

Und Spritz hebt zu einer langen Grabrede an. Eine Folge modulierter Vokallaute, leiser Brumm- und Gurgelgeräusche, die ganze Palette von *Mi-miaus*, die Katzen von sich geben, wenn sie sanft auf einen einreden und die Zeit des Redens und Zuhörens dehnen.

Hin und wieder sieht er mich an, als wollte er fragen: »Verstehst du mich? Verstehst du, was los ist?«

»Ja, mein Herz, ich verstehe, dass der Falter wahrscheinlich sterben wird. Und du tust alles, um ihn zu retten. Oder um ihn zu trösten. Was sagst du dem sterbenden Falter? Dass er unterm Strich ein schönes Leben hatte? Dass der Tod nun einmal zum Leben gehört? Denkst du dir einen Falterhimmel aus? Wo ist dein räuberischer Instinkt geblieben? Wie hast du es geschafft, deine eingefleischten Vorurteile gegenüber Insekten über den Haufen zu werfen? Wieso vergießt du plötzlich Tränen wegen eines Falters? Wer bist du, Spritz?«

Anzahl der täglich in Italien geborenen Menschen: 1470.
Anzahl der täglich in Italien sterbenden Menschen: 1565.
Wie viele Falter?

Rätselhaftigkeit

Katzen sind berühmt dafür, rätselhaft zu sein. Ein arg strapaziertes Adjektiv in Bezug auf Katzen, doch es ist etwas Wahres dran. Sie besitzen die Fähigkeit, einen vor ein Rätsel zu stellen. Katzen stellen konkrete Fragen, geben aber keine Antwort. Sofern es sich nicht um lebenswichtige Entscheidungen handelt, halten sie einen dazu an, der Frage nachzusinnen. Sie lecken sich die Pfote, um einem Zeit zum Grübeln zu geben, dann sehen sie einen an, als wollten sie sagen: »Und? Wie willst du diesmal aus der Sache rauskommen?«

Katzen sind die Meister der Mäeutik.

Doch hat ihre Art nie etwas Orakelhaftes: »Ich nuschele dir zwei kleine Wörter zu, entweder du verstehst sie, aber wenn nicht, dann nicht.« Sie sind nicht paternalistisch: »Ich kraule mir den Bart und denke an meinen eigenen Kram, derweil du in dir selber nach deiner Antwort suchst, die sich allerdings nicht von der Steuer absetzen lässt.« Und sie ergehen sich auch nicht in wirren Vorreden, weil sie wissen, dass der Großteil ihrer Anhänger sowieso nur Bahnhof versteht; keine lateinischen Messen, kein Tintenstrahl, um das Wasser nach Tintenfischmanier zu trüben.

Das Rätsel der Katzen ist mit dem unseren verwoben, mit den Grenzen des Bewusstseins, es ist ein gedämpftes *Murmur*, ein leises Raunen in Richtung unseres Herzens, um uns daran zu erinnern, dass Katzen einiges wissen, was wir nicht wissen.

Katzen hüten keine Initiationsgeheimnisse, um eine Sekte zu gründen oder an die Macht zu gelangen, sie wissen manchmal nur nicht, wie sie es uns verklickern sollen. Aber sie bemühen sich auf ihre Art, kein Zweifel.

Der Maître der Titanic

Ich habe nie an den Himmel und die Hölle geglaubt und ebenso wenig an die Wunder des Subprime-Marktes. Als Siebenmonatskind habe ich dank eines Brutkastens die Schrecken und Freuden meiner irdischen Möglichkeiten überlebt. Selbstverständlich glaube ich auch an Dinge, die ich nicht sehe: an den Atomkern, an ferne Planeten, an wildes Leben unter der Burka und daran, dass Träume der Königsweg des Unterbewusstseins sind.

Doch ich tue mich sehr schwer damit, an übersinnliche Erfahrungen, Ufos oder Bachblumen zu glauben.

Trotzdem muss ich an dieser Stelle erzählen, wie ich und eine weitere Katze meines Lebens über vierhundert Kilometer Entfernung in Kontakt getreten sind, oder besser, wie es ihr gelungen ist, mit mir in Kontakt zu treten und mir einen Hilferuf oder einen letzten Gruß zukommen zu lassen.

Mit Giogi habe ich die Jahre jenes introvertierten, befangenen, unschönen und womöglich telepathischen Abenteuers durchlebt, das sich Jugend nennt.

Er war ein wunderschöner rabenschwarzer Kater, schimmernd wie zwei tränenfeuchte Pupillen, leuchtend wie nur ein heller Geist sein kann, dessen Durchblick ihn entweder zornig oder mitfühlend machte.

Giogi war nicht mein persönlicher Kater. Er gehörte zum Haus. Er führte das Haus oder das, was in jenen schweren Jahren davon noch übrig war. Ich bewunderte ihn sehr; denn obgleich er sich des Niedergangs, der uns alle an den Rand des Nichts befördern sollte, sehr wohl bewusst war, beklagte er sich nie. Er ging seiner Berufung als Katze mit Würde und dem tiefen Bewusstsein von den Wechselfällen des Lebens nach, das meine heutigen heißgeliebten, tiefenentspannten, verwöhnten Katzen vielleicht nicht in dem Maße besitzen.

Er verkörperte das stillschweigende, beständig erneuerte und von diversen unvermuteten Fehlern bedrohte Trachten der Liebe: das Bemühen, seinen Lieben am eigenen Leib erfahrene Unbill zu ersparen, ihnen ein sicheres, bequemes Plätzchen zu bieten und ihnen die Sorge zu nehmen, nicht genug geliebt zu werden, damit sie ihre Energien auf eine bessere Zukunft verwenden können.

Giogi war der Maître der Titanic. Mit einer kleinen weißen Leinenserviette über der rechten schwarzen Samtpfote servierte er uns die Tröpfchen Glück, die wir uns noch leisten konnten, und tat so, als wäre der Weinkeller gut gefüllt.

Er schenkte uns einen Fingerbreit Glück ein und fragte: »Und, meine Herrschaften, ist dieses Glück nach Ihrem Geschmack?«

Zeit, die es brauchte, um die Titanic zu bauen: 3 Jahre und 2 Monate.
Zeit, die die Titanic brauchte, um zu sinken: 2 Stunden und 40 Minuten.

Auch als ich von zu Hause auszog, zuerst nach Venedig und dann nach Mailand, war Giogi das Familienmitglied, nach dem ich mich als Erstes erkundigte: »Wie geht es Giogi?«

Wenn es Giogi gut ging, bedeutete das, dass die Titanic noch seetüchtig und kein Eisberg in Sicht war, nur

Packeis hier und da, ein paar Eisklumpen, groß genug für einen Drink.

Eines Nachts träumte ich, dass Giogi starb. Ich träumte vom im Sterben liegenden Giogi, und dieser Traum war einer der schlimmsten Albträume meines Lebens. Ich war weit weg und konnte ihn nicht retten, ich streckte die Hand aus, um sein seidenweiches Fell zu streicheln, doch mein Arm war so schwer, dass ich ihn kaum rühren konnte, die Bewegung war zu langsam, und er weinte und hörte nicht auf zu weinen.

Das ist Zenons Albtraum, der uns häufig im Schlaf überfällt: Jedes Mal, wenn man versucht, die Hälfte der Strecke hinter sich zu bringen, die einen vom Ziel trennt, kommt eine weitere Hälfte dazu, dann eine weitere und noch eine und immer so fort, in einer ewigen Zeitlupe bewegt man sich auf etwas zu, ohne je über die halbe Strecke hinauszukommen.

Solche Träume lassen einen schweißgebadet und verstört hochfahren, doch ungleich viel schlimmer ist es, wenn Zenons Paradox sich in das bewusste Leben schleicht und unsere Tagträume sowie unsere Antriebskraft durch ein Gefühl unabwendbarer Sinnlosigkeit lähmt. Verzweifelt um Giogi weinend wachte ich auf.

Ich konnte nicht atmen, mein damaliger Freund versuchte mich zu beruhigen, aber noch heute habe ich den bitteren Geschmack jener Bilder im Mund und begegne Träumen seitdem mit gemischten Gefühlen: Ich rufe sie herbei, weil sie mir zeigen, was ich zu verdrängen versuche, und gleichzeitig fürchte ich sie, weil sie wahr werden könnten.

Um ehrlich zu sein, haben sich meine Träume erst fünfmal in meinem Leben bequemt, mir zu verraten, was passieren würde, vielleicht weil sich Träume, genau wie Katzen, nur bei lebenswichtigen Fragen richtig Mühe geben, ansonsten dösen sie vor sich hin oder bieten einem seichte Unterhaltung: ein bisschen Abenteuer, ein paar Krimis, romantische Komödien und die x-te Version von *Mama, ich habe das Flugzeug verpasst* in unterschiedlichen Variationen (ich habe den Zug verpasst, ich habe das Schiff verpasst, ich habe das Geld verprasst).

Träume haben zu mir gesprochen, als Giogi im Sterben lag, als ich kurz davor war, schwanger zu werden, als ich mich von der Vergangenheit lösen musste, als ich vor einer wichtigen Zukunftsentscheidung stand, als eine unerwartete Zukunft mich mit einer Bombenüberraschung erwartete.

Zugegeben, das klingt alles sehr schwammig, aber zwischen manchen Fakten und manchen Träumen besteht eindeutig ein Zusammenhang. Nur dass die Träume zuerst da waren. Da ich meine bedeutsamen Träume stets aufschreibe und sie gern weitererzähle, liegt der Lackmustest vor, unanfechtbar wie ein wissenschaftliches Experiment. Ich habe mich stets geweigert, aus diesen Erlebnissen irrationale Schlüsse zu ziehen, doch dass ich die Erfahrungen gemacht habe, ist unbestreitbar.

Am Morgen nach dem grässlichen Albtraum von Giogis Tod rief ich meine Tante an, weil die Hauskatze Giogi zu ihrer Katze geworden war. Wie immer stellte ich die übliche Frage: »Wie geht es Giogi?«

»Gut, gut«, antwortete sie, und dann redeten wir über etwas anderes.

Ich erzählte ihr nicht von meinem Traum, weil sie stets der Überzeugung war, besondere mediale Fähigkeiten zu besitzen und mit dem Jenseits in Kontakt zu stehen, was das Diesseits für sie zu einer vorübergehenden und alles in allem enttäuschenden Erfahrung machte. Sie verriet mir, dass sie als kleines Mädchen oft in die Küche hinuntergelaufen sei, wo ein kleines Orchester für sie Franz Lehárs Arien spielte. »Die Musiker waren jung und gut aussehend und ihre Musik beschwingt, und natürlich hielt ich sie für quicklebendig, doch dann fragte ich nach und fand heraus, dass sie alle schon zu Franz Josephs Zeiten gestorben waren.«

Sie erzählte das mit dem gleichen Ausdruck, mit dem Schatzi *Il cielo in una stanza* lauscht, mit verträumten, gen Himmel verdrehten Augen, auf der Suche nach unmöglichen parallelen Konvergenzen. Andere Male behauptete sie, sie habe das Geräusch der Sterne bereits gehört, ehe die Wissenschaftler herausfanden, dass das Universum Geräusche macht und die Gravitationswellen ein womöglich wehmütiges Echo aus der Zeit des Big Bang produzieren. Die Fakten sollten ihr recht geben. Der Ehrlichkeit halber sei gesagt, dass sie über ihre blühende Fantasie hinaus im praktischen Leben mit beiden Beinen fest auf der Erde stand.

Als ich klein war, fand ich ihre Erzählungen gruselig: Das Haus beherbergte eine Horde Gespenster, von denen das schlimmste in der Speisekammer (einem großen, altmodischen Schrank) hauste und nur darauf zu lauern schien, düstere Warnungen von sich zu geben. Weitere Gespenster lebten zwischen den im Flur aufgehängten Mänteln, und die kleinsten verkrochen sich im Badezimmerschrank. Hin und wieder verwechselte meine Tante die schweigsamsten von ihnen mit gewöhnlichen Laken und steckte sie in die Waschmaschine. So hatten wir selbst auf dem Balkon Gespenster, mit Wäscheklammern zum Trocknen in der Sonne aufgehängt, was diese Dämmerungs- und Nachtgeschöpfe bestimmt nicht sonderlich begeisterte.

Ich hütete mich tunlichst davor, der Tante von meinem Traum zu erzählen, um kein Wasser auf ihre parapsychologischen Mühlen zu gießen und mir nicht ein weiteres Mal ihre gruseligen Geschichten anhören zu müssen, wie die von dem Mädchen, das den Treppenschacht hinuntergestürzt war, allerdings nach vorheriger Warnung des Speisekammergeistes, der dann meiner Tante Bescheid gesagt hatte, die der Mutter Bescheid gesagt hatte, die den Krankenwagen gerufen hatte. Leider kam für das Mädchen jede Hilfe zu spät; doch seitdem habe ich aufgehört, die Treppengeländer hinunterzurutschen, und bis heute weiß ich nicht, ob meine Tante sich diese vom Gespenst aus der Speisekammer telepathisch übertragene Geschichte nur ausgedacht hat, um mich von gefährlichen Spielen abzubringen, oder ob das jähe Klopfen, das auch mir nicht entgangen war, tatsächlich etwas zu bedeuten hatte.

Jedenfalls sagte sie: »Giogi geht es gut«, und dann nichts weiter.

An dem Tag kam ich erst sehr spät von der Arbeit nach Hause, nach einem Abendessen auswärts und einem typischen Tag meines quirligen neuen Mailänder Lebens, das mir nach den bleiernen Jahren verknöcherter Triestiner Dekadenz und spritzlastigen venezianischen Müßiggangs kaum Zeit zum Atmen ließ. Sofort bemerkten mein Freund und ich das Blinken des Anrufbeantworters: zwei Dutzend Nachrichten, allesamt von meiner Tante: »Bitte ruf mich an, egal, wann du zurückkommst.«

Ich rief an, und sie sagte mir, dass Giogi gestorben sei. Sie gestand mir, es sei ihm schon zwei Tage lang nicht gut gegangen, also schon vor meinem Traum und meinem Anruf; sie habe es mir nicht gesagt, damit ich mich nicht beunruhige, bis zuletzt habe sie geglaubt, er würde es schaffen, sie wollte nicht, dass ich mir Sorgen mache, schließlich hätte ich im boomenden Mailand genug um die Ohren, doch jetzt könne sie mir die Wahrheit nicht verheimlichen: Giogi war zu einem kleinen Spaziergang aufgebrochen und hatte einen vergifteten Köder gefressen. Nachdem er uns mehr als zehn Jahre mit seiner eleganten, diskreten Art umsorgt hatte, musste er wegen der Grausamkeit irgendeines Nachbarn elend sterben. Ich nahm den allerersten Zug.

Gemeinsam beweinten wir Giogi. Meine andere Tante, die seit jeher abstinent war, griff zum ersten Mal zum Alkohol, um den Schmerz zu ertragen; sie musste sich dann übergeben, und ihr Gebiss fiel ins Klo, eine Tragödie in der Tragödie.

Wir haben weiter auf dem Deck der Titanic getanzt, möglichst in Abendgarderobe. Doch von nun an würde unser Maître nicht mehr bei uns sein, um uns durch seine Flunkereien die Zukunftsangst zu nehmen.

Häusliche Schutzgötter

So lernt man, auf dem Quivive zu sein. Auch Katzen, einschließlich der umhegtesten, verwöhntesten und zufriedensten, leben auf dem Quivive. Es sind nur wenige, denen sie trauen und sich anvertrauen, ansonsten bleiben sie auf dem Sprung und lösen sich bei der Wache ab, selbst dann, wenn sie tief und fest schlafen, was wieder einmal zeigt, dass Katzen alles und nichts gleichzeitig tun können.

Wir wohnen im vierten Stock, doch anhand des Fahrstuhlgeräusches wissen die Katzen ganz genau, wer kommt. Sie verwechseln die Nachbarin nie mit Besuch: Sind die Schritte auf dem Weg zu unserer Wohnung, rennen sie los und belagern die Tür, sind sie woandershin unterwegs, fällt ihnen nicht im Traum ein, ihren Müßiggang zu unterbrechen. Ich habe nicht den leisesten Schimmer, woher sie fünf Minuten vorher wissen, wer vor der Tür stehen wird. Doch genau wie ihr perfekter Sprung mitunter misslingt und beide zu Fall bringt, wetzen sie auch zur Tür, wenn ein junger Kommunist davorsteht und einem eine Zeitschrift andrehen will oder ein Zeuge Jehovas oder ein Immobilienvertreter. Wenn ich niemanden erwarte, öffne ich nicht, ich spähe durch den Spion, mache »pssst«, und die beiden ziehen verärgert die Nasen kraus, zum einen, weil kein Freund hereinkommt, mit dem man ein wenig plaudern kann, zum anderen, weil sie so beschämend danebenlagen.

Tiere sind häusliche Schutzgötter. Ich habe zwei davon aus Fleisch und Blut – mehr Fleisch als Blut, um ehrlich zu sein – und drei aus Holz, ebenfalls Katzen, aber eher Wächterkatzen. Es sind *meerkat*, drei Erdmännchen, die ich auf einem Markt in Kapstadt gekauft habe. Wer immer meine Wohnung betritt, stößt auf zwei Katzen und drei Erdmännchen. Ich sage es lieber gleich: Alle fünf wollen gegrüßt werden, wenn nicht aus Freundlichkeit, dann wenigstens aus Höflichkeit.

Wenn ich für allzu lange Zeit nicht mit meiner Wohnung, den Katzen und den Erdmännchen zusammen bin (weil ich beispielsweise auf Reisen bin), weiß ich nicht, was mich bei meiner Rückkehr erwartet. Nicht nur die Tiere, auch die Wohnung nimmt es mir übel, wenn ich zu lange fort war. Meistens ist sie so ungeduldig, mich wiederzusehen, und so glücklich, wenn ich wieder da bin, dass sie mich mit ihrer Umarmung schier erdrückt. Ihre überschwängliche und hingebungsvolle Begrüßung tadelt mich für meine Nachlässigkeit und Herumtreiberei. Sie drückt mich so fest, dass ich fast ersticke, und bricht in Tränen aus, und ich muss feststellen, dass es irgendwo tropft, weil der Nachbar von oben es mit seiner automatischen Bewässerungsanlage zu weit getrieben hat und der Hausmeister sich ebenso aus dem Staub gemacht hat wie ich.

Meiner Wohnung ist es völlig schnuppe, dass sie manchmal zum Gefängnis wird, sie besteht darauf, in erster Linie von mir bewohnt und vor allem von mir geliebt zu werden, als seien die mit der Zeit gemachten Erfahrungen und der womöglich unerwünschte, aber notwendige Prioritätenwechsel völlig an ihr vorbeigegangen.

Meine Wohnung ist eine liebevolle und tyrannische Mutter, sie rebelliert und umsorgt, schützt und tadelt, sie steckt voller Schwächen und ist nicht gern sich selbst überlassen. Sonst verwildert sie oder bekommt Herzprobleme.

Meine Wohnung ist ein Hund.

Sie hat nie begriffen, dass ich ebenso wenig ihr gehöre, wie sie mir gehört, sie will sich einfach nicht damit abfinden, dass die beiden Kater die wahren Herren des Hauses sind.

Glücklicherweise wissen Katzen selbst in den heikelsten Momenten die Balance in Sachen Liebe zu halten. Wenn die Wohnung mich unter ihrer geballten Verzweiflung begraben will, fangen sie das Gewicht ab, tragen das Gepäck und stemmen sich gegen die kollabierenden Türpfosten, die mich auf ewig in einen Stützpfeiler, eine griechische Karyatide, zu verwandeln drohen.

Es ist völlig offensichtlich, dass auch sie sich über meine Rückkehr freuen, doch die für sie bezeichnende Mischung aus Zugehörigkeit und Unabhängigkeit gewinnt eindeutig die Oberhand: Spritz und Schatzi stützen die kurz vor dem nervösen Kollaps stehende Wohnung und streichen um mein Gepäck. Sie wittern Gerüche aus anderen Welten, die sie neugierig machen. So beleidigt sie auch sein mögen, auf ihre Rolle als Zeremonienmeister würden sie nie verzichten, sie begrüßen mich, verbeugen sich, reden vielleicht fünf Minuten lang nicht mit mir, doch dann ist alles vergessen, und wir sind wieder vereint.

Vielleicht hat Schatzi Spritz die Briefe vorgelesen, die er mir geschrieben und nie abgeschickt hat, um mir kein schlechtes Gewissen zu machen, weil ich ihn verletzt habe, ohne es zu wollen. Vielleicht haben die Erdmännchen, die in der Kalahari zu Hause sind und auch auf Entfernung kommunizieren können, sie beschwichtigt: »Sie ist in die Wüste gefahren, um nachzusehen, wie es unseren Verwandten geht, aber keine Angst, sie ist bald wieder zurück.«

Würde es Spritz und Schatzi nicht geben, ich würde viel seltener in meine Wohnung zurückkehren und weiter kreuz und quer durch Afrika reisen wie in den kurzen katzenlosen Phasen meines Lebens.

Menschliche Begleiter und Erdmännchen würden bequem ins Handgepäck und in den Sitzplatz neben mir passen.

Mit Katzen verreisen ist nicht einfach. Man muss nicht viele Worte um die wissenschaftlichen, technischen und Dienstleistungs-Errungenschaften dieses neuen Jahrhunderts machen. Verliert man eine Hand, kriegt man eine bionische; verliert man das Gesicht, kleben sie einem ein neues an, und man kann sich wieder zur Wahl stellen; will man Ferien auf einem anderen Planeten machen, macht man das; stirbt einem der Mann und man will seine Asche zu einem Diamantring verarbeiten lassen, *no problem*! Man darf ihn sich nur nicht klauen lassen.

Es gibt nur wenige Dinge, die die Lebensqualität ohne beträchtlichen wissenschaftlichen, politischen oder wirtschaftlichen Aufwand verbessern könnten: Eines davon ist die Erlaubnis, seine Haustiere mit voller Sitzplatzberechtigung im Flugzeug mitnehmen zu dürfen, vor allem auf Langstreckenflügen.

Schließlich geht es nicht darum, ein Allheilmittel gegen Krebs zu finden, den Weltfrieden auszuhandeln oder die freie Marktwirtschaft auf den Kopf zu stellen. Sondern lediglich darum, den Menschen, die sich niemals von ihren Katzen trennen würden und umgekehrt, das auch zuzugestehen.

Wenn ich den Leuten erzähle, dass man seine Tiere auf den meisten außereuropäischen Flügen nicht mit in die Kabine nehmen darf, reagieren sie genauso ungläubig wie auf die Geschichte von Schatzis genetisch bedingter Schieläugigkeit. Weder glauben sie mir, dass Katzen wie ein nutzloser Koffer im Laderaum mitfliegen müssen, noch dass – will man dem Tier einen einigermaßen erträglichen Flug trotz Sitzplatzverweigerung ermöglichen – die dämlichen Flugkosten für felliges Sperrgut höher sind als meine. Die Leute glauben nicht, was für eine enorme Einschränkung unserer Freiheit das bedeutet. Meine Wohnung steckt mit den schwachsinnigen Fluggesellschaften unter einer Decke, sie zwingen uns, gegen unseren Willen zu bleiben, und lassen nicht zu, dass wir uns einfach dünnemachen.

Es gibt noch einen weiteren Gemeinplatz über Katzen: Katzen lieben ihr Zuhause mehr als die Menschen. Das ist haarsträubender Unsinn: Katzen können ein Zuhause mehr lieben als ein anderes, genau wie Menschen, aber sie lieben es, bei dem zu sein, den sie lieben. Wo, ist egal.

Spritz und Schatzi zum Beispiel leben auf mir oder zumindest im Umkreis von hundertfünfzig Zentimetern. Befindet sich in diesem anderthalb Meter großen Umkreis noch eine weitere Person, die sie mag, sind sie glücklich, ihren begrenzten Lebensraum mit ihr zu teilen: Wo man zu dritt isst, isst man auch zu viert, das Gleiche gilt fürs Schlafen, Arbeiten und für alle anderen Aktivitäten, die man möglichst eng beieinander ausüben kann.

So sind wir zu einem Atoll geworden, zu einem Inselchen in den Malediven, eine geologische Verwerfung hat uns drei mitten in einer Stadtwohnung an die Oberfläche gedrängt, doch unsere Scholle könnte überall schwimmen, wir könnten neue Territorien, neue Freunde, neue Balkone, neue Gärten, neue Meere, neue Lieben, neue Ausblicke, neue Möglichkeiten erobern. Wenn es uns nur erlaubt wäre und wir es uns erlauben dürften.

Hin und wieder kuscheln wir uns in der Transportbox zusammen und hoffen, dass irgendjemand uns in ein freundlicheres Land transportiert.

Eine afrikanische Nacht

»Du ähnelst meiner Katze«, sagte er mir unter dem weiten, niedrigen Himmel Afrikas.

Seine Katze war ein herrliches Exemplar mit seidigem Fell und einem Schwanz so lang und dick wie mein Zopf. Er hatte mir ein wunderschönes Kompliment gemacht: wenige, treffende und unwiderstehliche Worte.

Wir saßen vor dem Zelt und warteten auf die Löwen.

Ihre durch die Dämmerung schallenden Rufe hatten sie angekündigt, ein siebenfaches, heiseres Husten: Kein Brüllen, sondern ein dumpfes, tiefes, kilometerweit hörbares Geräusch, das aus dem Inneren der Erde kommt. Der Ruf der Löwen lässt ihre Route erahnen, und in einer Mischung aus Bangen und Hoffen macht man sich auf ihr Erscheinen gefasst, wohlwissend, dass man auf das Erscheinen eines Löwen nicht gefasst sein kann. Es ist immer ein erstes Mal, vollkommene, über alles Denkbare hinausgehende Überwältigung.

Löwen kommen einem nah, sehr nah, urplötzlich tauchen sie aus dem samtigen Dunkel auf, das die Kulisse der Savanne verschluckt, lautlos, unvermittelt und ohne das leiseste Knacken von Ästen.

Ein paar endlose Minuten lang, endlos wie der afrikanische Kontinent, hatten wir Angst, sind Angst gewesen, haben Angst geschwitzt. Doch die sieben Löwinnen verschonten uns, sie haben uns mit ihren bernsteinfarbenen Augen gemustert und offenbar beschlossen, dass die Nacht zu schön ist, um unsere letzte zu sein. Mit ihren Jungen im Schlepptau sind sie verschwunden, um sich ein anderes Nachtmahl zu suchen. Wir sind uns in die Arme gefallen. Die Löwinnen hatten recht. Es gibt Nächte, in denen man nicht sterben sollte.

Später sind sie zurückgekehrt, um sich an unserem Zelt zu reiben: Ringsherum hat es gemaunzt und geraschelt, doch die Angst war überwunden, weggeblasen vom Mut des vollkommenen Glücks, am Leben und zusammen zu sein.

Noch heute frage ich mich, ob es nicht die Raubkatzen waren, die mir das unvergessliche Geschenk jener afrikanischen Nacht gemacht haben. Ein Geschenk, das sich nicht wiederholen lässt, nicht einmal, wenn man davon erzählt.

Tags darauf haben wir das Rift mit zwei kaputten Stoßdämpfern verlassen. Um nicht allzu sehr durchgerüttelt zu werden, haben wir eine Abkürzung genommen, die Straße, die weiter westlich ins Tal und durch den Salzsee führt. Ein See aus staubigem Talkum. Ich bin auf das Dach des Jeeps gestiegen und habe mich ausgestreckt: »Ja«, habe ich bei mir gedacht, während ich unter den niedrigen Wolken dahinglitt, die die Geburt der Menschheit gesehen hatten, »jetzt wäre es schön zu sterben. Sterben, wenn es am schönsten ist.«

Schatzi, der liest, was ich gerade geschrieben habe, wirft den Schnurrapparat an und blickt in die Ferne, das Lakritznäschen erhoben, als wittere er die staubige Luft und die rote Erde jener Orte, an denen seine großen Verwandten leben: »Was für eine schöne Geschichte! Als würde das Leben zum Traum!«

Unmerklich schaukelt er hin und her, als wollte er sich in anderen märchenhaften Erinnerungen wiegen.

Schließlich ist auch diese Reise zu Ende gegangen, weil ich zu meiner Russisch Blau zurückkehren musste. Ein kleiner grauer Panther, schimmerndes Flaggschiff der Luxuskatzen. Auch Greystoke hatte ich die Geschichte von den Löwen erzählt, ehe er starb. Greystoke ist der Name von Tarzan.

»Genau dort ist es passiert, gar nicht weit von da, wo die ersten Affen von den Bäumen geklettert sind und die afrikanische Eva geboren wurde, weißt du?«

Er hat mich mit seinen jadefarbenen Augen angesehen und auf seine altkluge Art geantwortet: »Ja, jetzt, wo du es sagst, erinnere ich mich. Die Theorie der Mitochondrien und der Herr der Affen. Erzählst du mir morgen wieder eine Geschichte von großen Katzen?«

»Natürlich, mein Schätzchen, so viele du willst.«

»Nimmst du mich irgendwann mit nach Afrika?«

Lebenskünstler

Da sich mein Bedürfnis, meine Katzen überallhin mitzunehmen, nie gelegt hat, und ich sie selbst bei einem kleinen Garten- oder Parkspaziergang nicht missen möchte – ohne befürchten zu müssen, sie könnten verloren gehen, an einen Katzenfänger geraten, einen Giftköder fressen oder von einem Geländewagen plattgefahren werden –, habe ich versucht, Greystoke an die Leine zu nehmen.

Keine fünf Sekunden, nachdem er angeleint war, fiel der bis dahin putzmuntere Greystoke in Ohnmacht. Er erlitt eine sogenannte Narkolepsieattacke, eine von zu heftigen positiven oder negativen Gefühlen hervorgerufene Art Epilepsie. Totaler Verlust der Muskelspannung und des Bewusstseins. Ich wusste doch, dass man Katzen nicht an die Leine nehmen kann. Meine Ignoranz war schuld. Nie mehr habe ich mir angemaßt, das Experiment zu wiederholen.

Sesshaftigkeit und Nomadentum; Jäger, Sammler und Bauern; Odysseus und Penelope; Touristen und Reisende; Verbannte und Weltenbummler: Katzen bringen einen auf zahllose Gedanken darüber, wie sich Gegensätze versöhnen lassen, welches Bild von unserem Dasein am besten zu jedem passt und wie schwer es ist, es herauszufinden und sich daran zu halten; auch wenn es letztlich wohl doch das Beste ist, sich mitsamt aller Widersprüche selbst treu zu bleiben wie die Katzen, und das nicht nur, um dem eigenen Spiegelbild jeden Morgen ehrlich in die Augen blicken zu können, sondern auch, um manche Etappen des Weges leidenschaftlicher und aufrichtiger mit unseren Reisegefährten zu teilen.

Dennoch bleibt bisweilen der Zweifel einer unüberwindlichen Distanz, eines nicht zu überbrückenden Grabens, der sich in tiefster Nacht in einem langen, klagenden Miauen äußert.

Was soll dieses herzzerreißende, scheinbar grundlose Maunzen?

Bin ich das, bist du das? Sind wir das?

Spritz, mein heiß geliebter Liebling, komm zurück. Denk nicht an den Mond. Wir halten einander ganz fest.

Und dann habe ich, mit dem Segen des auf den Hund gekommenen Psychoanalytikers, einen weiteren Traum. Ich stehe auf einer riesigen, in goldenes Licht getauchten Lichtung, hinter mir ein Wald aus Akazien, Lärchen und Birken. Noch warme Strahlen sickern durch die Zweige, manche Blätter haben sich bereits verfärbt. Plötzlich taucht eine Katze auf, nur viel größer als eine Katze, rot und wunderschön. Mit rührend feierlicher Geste hält sie mir eine Pfote hin, nach der ich ohne zu zögern greife, das Fell zwischen den rosa Ballen ist ganz weich.

»Willst du mich heiraten?«

»Ja«, antworte ich ohne Zögern.

»Wir werden viele Berge bezwingen müssen, aber gemeinsam werden wir es schaffen.«

Ich blicke auf und sehe jenseits der Baumwipfel himmelhohe Gipfel, die ich zuvor nicht bemerkt hatte, die jedoch nichts Bedrohliches haben.

Eng umschlungen machen wir uns schweigend auf den Weg, als wären wir die Einzigen, die es mit gefahrvollen Hürden aufzunehmen wüssten, in der Gewissheit, sie ohne ein Wort überwinden zu können.

Ohne einen weiteren Gedanken.

Auch Leonor Fini träumte von einer Welt, in der es möglich ist, mit seinem halb menschlichen Katzenkind oder halb kätzischen Menschenkind zu fliehen. Sie schrieb *Mourmour, conte pour enfants velus* (Mourmour, eine Geschichte für pelzige Kinder). Mourmour ist die Frucht der Liebe zwischen der Katze Belinda und einem Menschen. Um nicht zum Gespött zu werden, verlassen Mourmour und Belinda das kleine Land, in dem die Menschen über sie tuscheln, und machen sich auf den Weg zu einem Ort, an dem nur Fabeltiere wohnen.

Leonor Fini lebte in Triest, in demselben Haus wie ich, ein Stockwerk über mir. Sie ist fortgegangen und vielleicht zurückgekehrt, genau habe ich es nie erfahren, weil ich sie nie getroffen habe. Während meiner Kindheit hatte sich Leonor Fini, nachdem sie Triest verlassen hatte und kreuz und quer durch die Welt gereist war, offenbar in Paris niedergelassen, doch ihre Legende lebte als leises sporadisches Echo in den Unterhaltungen fort, ihr Name schwebte auf einem Poster über meinem Bett und hing im Hausflur am Briefkasten, der niemals geöffnet wurde.

Für mich war Leonor Fini die imaginäre Künstlerin, mit der man sich austauschen konnte, die Katzen malte und dazu raunte und schnurrte und Stimme und Pinsel mit dieser hypnotischen, schlafliedähnlichen Frequenz zwischen 1,5 und 6 Hertz zum Schwingen brachte. Hin und wieder bildete ich mir ein, ihre leisen Schritte über mir zu hören, ich malte mir ihre Bewegungen aus und hoffte, dass ein paar Krumen Talent durch die Decke rieselten und ein wenig ihres Katzengenies wie Purpurin oder Sternenstaub auf mich niederregnen würden. Wie der Puderzucker, den meine Tante über den Schokoladenkuchen siebte.

Doch waren das nur Hirngespinste, denn sie war nie da, und wer weiß, ob sie jemals dagewesen ist.

Ich hatte auch überlegt, ihr zu schreiben, obgleich ich wusste, dass sie sich nie dazu herablassen würde, meinen Brief zu erwidern. Nicht einmal Gianni Morandi hatte das getan, als ich ihm mit sieben Jahren einen Heiratsantrag schickte: Ich bat ihn, auf mich zu warten, ich müsse nur noch ein bisschen größer werden, er solle

Geduld haben, doch offensichtlich hatte er nicht genug davon.

Ehrlich gesagt, wusste ich nicht besonders viel über Leonor Fini, sie gehörte zu jenen exzentrischen Figuren, die man gern als skurril bezeichnet, wie diesen Herrn Soundso, der in einem komplett ausgekleideten Sarg zu schlafen pflegte und schließlich bei einem Brand ums Leben kam, oder wie der arme Lelio Luttazzi, der ungewollt in einen Skandal verwickelt wurde, welcher die Triestiner zutiefst erschütterte: Gesprächsfetzen, aufgeschnappt von den im Wohnzimmer plaudernden Erwachsenen, auf die ich mir zwar keinen Reim machen konnte, die meine Fantasie aber umso mehr befeuerten.

Von Leonor Fini wusste ich nur, dass sie eine bedeutende und extravagante Künstlerin war (meine Tante sprach das Wort »Künstlerin« mit derselben respektvollen Zuvorkommenheit aus, mit der sie dem Hausarzt das Handtuch hinhielt, damit er sich, nachdem er einen von uns untersucht hatte, die Hände wusch, und das Wort »bedeutend« mit derselben Ehrerbietung, mit der sie die Bilder abstaubte – auch Bilder und Bücher können heilen, pflegte sie zu sagen –, und das Wort »extravagant« mit der verträumten und zugleich bitteren Wehmut eines Menschen, der sein Talent geopfert hat und weiß, dass es dafür keine Wiedergutmachung geben wird); eine Künstlerin also, die ein Dutzend Katzen besaß und ihren Briefkasten niemals leerte, was sich an der herausquellenden Post unschwer erkennen ließ.

Seitdem bilde ich mir ein, dass nur die Bewohner oberer Stockwerke volle Briefkästen haben. Höhere Wesen, deren Überlegenheit sich selbst in ihrer Abwesenheit an ihrem Verhalten gegenüber der Post ablesen lässt. Man muss schon sehr bedeutend oder sehr Künstler oder sehr extravagant sein (oder Betrüger, könnte ich dank meiner Lebenserfahrung inzwischen hinzufügen), um die Briefe, mit denen die Welt einen überhäuft, zu ignorieren und zusammengepfercht in einem winzigen Kasten an der Wand vor sich hin knittern zu lassen. Bis heute öffne ich jeden Brief mit flatterndem Herzen und werde nach wie vor enttäuscht: Noch immer hoffe ich auf die ersehnte Antwort des Sängers aus Monghidoro, doch stattdessen ist es jedes Mal ein Brief von Signor Brambilla vom Finanzamt, der mich mit der Hartnäckigkeit eines unglücklich Verliebten zur Zahlung meiner Steuern auffordert.

Jedenfalls diente mir die katzenaffine Dame vom Stockwerk über uns, die sich mit einer ganzen Schar schnurrhaariger Modelle zu umgeben pflegte, als Inspirationsquelle: Was konnte es Schöneres geben, als in einer nie gesehenen, aber zweifellos höchst vornehm eingerichteten Wohnung zu leben, auf deren ausladenden Sesseln prächtige Katzen thronten, um sich malen zu lassen? Während meine Wohnung irgendwann dem Orange-Wahn anheimfiel, der für geradezu übelkeitserregende Effekte sorgte, konnte Leonor Finis Mobiliar nur nobel sein, keine umzugstauglichen, je nach Gusto sträflich überstrichenen Möbel, sondern beseelte Objekte, strikt in Weiß und Schwarz wie ein Nero-Wolfe-Film, genauer gesagt: entweder Weiß oder Schwarz, denn so stellte ich mir in meiner Naivität die existenzielle Einrichtung eines wahren Künstlers vor, kompromisslos, genau wie Katzen.

Wenn jemand Leonor fragte: »Wie geht's?«, antwortete sie: »Ich bin.«

Es ist nicht schwer zu erraten, von wem sie diese Attitüde hatte.

Doch was ist aus Schatzi Eins geworden, der von Natur aus hell und dunkel war, äußerst klug, aber bettelarm, heimatlos und vertrieben und so tief gesunken, dass er sogar davon träumte, häuslich zu werden?

Kurz bevor er zu meiner Großmutter gebracht werden sollte, ist Schatzi Eins weggegangen. Und ich bin von meiner Großmutter weggegangen, überglücklich, wieder nach Hause und in mein vor Spielzeug berstendes Zimmerchen zurückzukehren, aber zu klein, um mich allein auf die Suche nach Schatzi Eins zu machen, den Hüter meiner ersten Beichten und potenzieller Verräter meines größten Geheimnisses: der Mühsal eines kleinen, beherzten Mädchens, das versucht hat, nach seinen begrenzten Möglichkeiten und den unbegrenzten Möglichkeiten seiner guten Wünsche die Erwachsenen zu schützen.

Ich glaube, es ist offensichtlich, dass Katzen das Metronom des Lebens sind. Zumindest für Menschen, die das Glück hatten, die eigenen Belange mit denen ihrer Katzen in Einklang zu bringen, mit ihrem Fell zu verschmelzen, vor Glück und Unmut zu erschaudern, die Bisse und Gewissensbisse der Geschichte mit ihnen zu teilen, die durchschnittlich sechzehn Schnurrhaare auf jeder Seite aus angeborenem Ekel selbst vor dem eigenen Kot zu krausen, sie zu beobachten und zu bewundern.

Es ist ein Jammer, nie den Unterhaltungen der Katzen gelauscht und jahrelang, vielleicht jahrzehntelang ohne sie gelebt zu haben! Nie ein Wörterbuch auf den Knien gehalten zu haben, als wäre es eine Katze, nie eine Katze auf dem Schoß gehabt zu haben, als wäre sie ein Wörterbuch.

Katzen sind Geschenke, die unverhofft vom Himmel fallen und aus dem Boden schießen. Sie sind der Überschuss, die Dividende, der Bonus: Sie zerkratzen Sofas und Sessel und alles, was ihnen in die Quere kommt, und leisten ihren Beitrag zum Glück. Sie sind das Rubbellos, das immer gewinnt. Wirklich im Unglück sind die, die nie das Glück hatten, mit einer Katze zu leben.

Selbst wenn man im Krieg ist, in Gefangenschaft, heimatlos, vertrieben und einsam wie eine streunende

Katze, ändert eine Katze den Blick auf das Leben. Hat man die Geduld, ihr zuzuhören und von ihr zu lernen, ist sie ein nie versiegender Quell neuer Möglichkeiten, ein gesunder Hoffnungsträger: Auf dass es stets genug Liebe und Klugheit zum Überleben gebe. Klugheit ist vielleicht keine Überlebensgarantie, doch die Liebe einer Katze schon. Sie ist ein täglicher Stimmungsaufheller ohne Nebenwirkungen, sieht man von den gelegentlichen Kollateralschäden ab: eine kaputte Vase, ein nagelneuer und sogleich aufgeschlitzter Sessel, ein ehemals glatter, unfreiwillig in Bouclé verwandelter Stoff oder das Massaker von Santa Caterina.

Es war nach einem Fest, und Vicky spülte gerade die Gläser ab. Ich glaube, es war meine Geburtstagsparty. Auf der Küchenarbeitsplatte ein Meer aus Gläsern, sämtliche Gläser, die es im Haus gab, wertvolle und billige – ein wilder Haufen Heimkehrer mit leichtem Kater und Alkoholpfützen auf dem Boden, aber das ist nun einmal der Preis, den Nachtschwärmer nach wilden Partys zahlen: »Abends Löwen, morgens Kaninchen.«

Vicky war also dabei, die Wohnung wieder in einen einigermaßen passablen Zustand zu bringen, während ich im Nebenzimmer zu arbeiten versuchte, mit der leichten Übelkeit, die Computerbildschirme so schön zu verstärken wissen.

Ich weiß nicht, warum ich irgendwann aufstand, um in die Küche zu gehen. Doch dank meiner spontanen und womöglich abermals ahnungsvollen Eingebung wurde ich Zeuge des Massakers von Santa Caterina, das nur durch das Massaker von San Valentino übertroffen wird, als ein Mafioso aus einer Geburtstagstorte sprang und alle Anwesenden erschoss, die gerade »Hoch soll er leben, hoch soll er leben, dreimal hoch!« sangen.

Spritz war auf die Arbeitsplatte gehüpft, glitt jedoch auf dem Spülmittel aus und bekam einen solchen Schreck, dass er, statt zurück auf den Boden zu springen, panisch zwischen den Gläsern hindurchflüchtete. Mindestens dreißig gingen zu Bruch. Weder Vicky noch ich konnten rechtzeitig eingreifen. In dem Gemetzel aus Glas und Kristall starrte sie mich an, und zum ersten Mal in den zwanzig Jahren, die wir uns kennen, entfuhr ihr der für sie offenbar äußerst drastische Ausruf: »Santa Caterina!«

Das war's, und dann mussten wir lachen. Spritz hatte sich derweil reumütig unter den Sessel geflüchtet, ließ jedoch seinen Schwanz hervorlugen, wie jemand, der aus Schludrigkeit oder dem unbewussten Wunsch, entdeckt zu werden, Spuren am Tatort hinterlässt.

Niemand hat jemanden bestraft, Vicky und ich haben die Überbleibsel meines Geburtstagsumtrunks zusammengeräumt, und dann hat sie gesagt: »Bei Ikea gibt's gerade Gläser im Angebot.«

Seitdem ist »Santa Caterina« mein Lieblingsausruf, weil er statt zornigem Fluchen das Erstaunen über das Unvorhergesehene ausdrückt. Auch diese Einsicht verdanke ich Spritz, der uns damit eine seiner Glanznummern beschert hat.

Katzen sind abstrakte Expressionisten

Katzen lieben es, sich zu produzieren. Das hat nichts mit Narzissmus zu tun. Katzen sind stolz darauf, Katzen zu sein, und wenn die Welt zu abgelenkt ist, um ihnen den nötigen Tribut zu zollen, denken sie sich etwas aus, um die Aufmerksamkeit auf sich zu ziehen. Die menschlichen Primaten schreiben Bücher, drehen Filme, malen Bilder, betreten die Bühne. Mal sind solche Aktivitäten Ausdruck eines inneren Dranges – um es mit Shakespeare zu sagen: Wir geben dem Schmerz eine Stimme, ehe er dem Herz befehlen kann zu brechen –, mal entspringen sie lediglich dem Wunsch, die berühmte Viertelstunde Ruhm zu erleben, von der Andy Warhol sprach.

Selbstverständlich haben Katzen für Pop-Art nichts übrig. Schließlich strebt eine Katze – selbst eine gefallsüchtige wie Spritz – nicht danach, berühmt zu sein oder als Aushängeschild für die Möglichkeiten der Kunst im Zeitalter technischer Reproduzierbarkeit herzuhalten.

Katzen wollen nicht mit dem Verkauf von Drucken, nummerierten Serien und Millionenauflagen prahlen – sie lieben Gesten, die der Seele und dem Körper des Künstlers entspringen. Vielleicht hat man deshalb Schafe statt Katzen geklont und tut es noch immer.

Wie beiläufig verschreiben Katzen ihr Leben dem unseren, ohne den Anspruch, realistisch zu sein oder beim Wort genommen zu werden. In Sachen Wahrheit, Wirklichkeit und Wahrscheinlichkeit sind sie ziemlich clever: Sie wissen ganz genau, dass es völlig zwecklos ist, alles ernst zu nehmen, abgesehen von ein paar eisernen Prinzipien wie *Liberté, Égalité, Fraternité* oder ihrer Unerbittlichkeit gegenüber Pädophilie, Verschwendung in der Politik und Delfinen in Thunfischdosen.

In rein künstlerischer Hinsicht bevorzugen Katzen das *Drip Painting*.

Diese Maltechnik kann sich bei ihnen in unterschiedlichen Varianten zeigen: Manchmal handelt es sich um versehentlich am Hintern kleben gebliebene Kackreste, andere Male um experimentelle Nouvelle Cuisine, wenn beispielsweise das Spielchen »Ich werfe dir einen Happen zu, mal sehen, ob du ihn fängst« nicht gut ausgeht und zwangsläufig zu einem *Drip Painting* führt.

Doch zur Hochform laufen sie auf, wenn sie beschließen, dass ein Zimmer keine Wände hat, sondern Bäume, endlos viele Bäume (und mal wieder ist Schatzis Lieblingssänger Gino Paoli schuld).

Wie oft habe ich versucht, Schatzi klarzumachen, dass Piero Ciampi viel spannender ist als Gino Paoli, aber Schatzi hat für Ciampi nichts übrig, seine Romantik ist ihm zu weltflüchtig, er verwechselt dessen Hang zu prosaischen Liedtexten mit Zynismus, und das beunruhigt ihn. Wird die Unruhe allzu groß, kann selbst die Trägheit nicht dagegen an, woraufhin sich das *Drip Painting* in zahllosen blümchenförmigen Pfotenabdrücken an den Wänden zeigt, einer Technik, die mit beiden Vorderpfoten, zuvor mit Zimmerpflanzenerde geschwärzt, ausgeführt wurde. Topfgewächse sind uneingeschränkte Förderer der tierischen Kreativität.

Nur Unwissende könnten meinen, es handele sich um einen uralten, primitiven Behelf, um seine Kunstwerke zu signieren, wie bei den Höhlenmalereien von Altamira oder den Ritzbildern und Graffitis, die seit dem Jungpaläolithikum bis heute das ungestillte, präalphabetische Bedürfnis bezeugen, ein Zeichen, eine Handschrift, einen digitalen Abdruck, ein X oder ein Tag auf einem U-Bahn-Waggon zu hinterlassen. Im Gegensatz dazu signieren Katzen ihr Schaffen nicht, sie haben nie im Reich des Realismus gelebt oder nach einem mimetischen Verhältnis zur Wirklichkeit gestrebt.

Katzen kontrollieren ihre Kontoauszüge ebenso wenig wie ihre Stromrechnung oder ihren Briefkasten. Sie leben von ihrem eigenen Licht, strahlen, so hell sie können, und überlassen das Abmalen anderen.

Ikonen, Hieroglyphen, Rosenranken: Katzen pfeifen

darauf, der Welt auf den Grund zu gehen und sie penibel zu reproduzieren. Katzen sind abstrakte Expressionisten.

Ich glaube, auch deshalb stehen Schriftsteller auf Katzen. Schriftsteller wollen den Katzen das wahre Geheimnis des Nicht-Realismus entreißen. Katzen sind reale Lebewesen und bisweilen noch realistischer als die Realität (beispielsweise hat sich eine sorianische Katze ihrer kalauernden Katzenlaune folgend den argentinischen Schriftsteller Osvaldo Soriano als Lebensgefährten gesucht), doch zugleich würden sie sich niemals auf einen schnöden Pakt mit der Wirklichkeit einlassen. Katzen betteln nicht, weder um Nahrung noch um Liebe: Sie versuchen sie zu erobern, doch wenn sie scheitern, nehmen sie die Einsamkeit ihres Scheiterns einsam in Kauf. Begeistert greifen sie nach jeder Pfote, die man ihnen hinhält, doch sie küssen einem weder den Hintern noch die Füße. Sie sind weder Schleimer noch Speichellecker oder Heuchler, und so beneidenswert einem das Leben einer Katze auf den ersten Blick auch erscheinen mag, es ist nicht gesagt, dass es das tatsächlich immer ist.

Die Scham des Löwen

Im Unterschied zu Hunden und vielen menschlichen Lebewesen haben Katzen ein Näschen für Täuschung. Versucht man sie mit einem falschen Versprechen zu ködern, fallen sie vielleicht einmal darauf herein, doch kaum ein zweites Mal. Auch das hat etwas mit der angeborenen Fähigkeit zu tun, ohne philosophisches Drumherum Wahrheit von Wirklichkeit unterscheiden zu können. Man kann eine Katze einmal mit dem Schütteln der Brekkies-Schachtel locken, vielleicht auch ein zweites und gar ein drittes Mal. Doch spätestens dann schämt man sich für seine Dummheit. Wenn die Katze einen liebt, schämt sie sich für einen, andernfalls wird man mit einem Fauchen abserviert.

Ethologen nennen das »die Scham des Löwen«: Wenn der Löwe einen Angriff verpatzt, zieht er sich zum Nachdenken zurück, statt es gleich erneut zu versuchen. Er überlegt sich also gut, ob er sich noch einmal blamiert. Natürlich gibt es Fallen, auf die jeder hereinfällt. Eine müßig herumliegende Leckerei auf Rattengiftbasis, ein Quäntchen Selbstüberschätzung oder ein kurzer, aber menschlicher Moment der Ablenkung können fatale Folgen haben, doch normalerweise geben Katzen eine Warnung aus: Sie neigen den Kopf zur Seite und weigern sich, dem Schwindler in die Augen zu sehen, um sich nicht zum Komplizen zu machen. »Ich weiß genau, dass du mich verarschst, manchmal weiß ich es sogar noch eher als du. Wenn du es also partout nicht lassen kannst, dann mach es wenigstens mit Stil.«

Katzen haben ein Gespür für Stil, nicht nur, was ihre Garderobe und Haltung betrifft, sondern vor allem in ihrer Einstellung zum Leben.

Als Greystoke krank wurde, hat er sich trotz seiner Sturköpfigkeit ohne großes Aufheben von uns pflegen lassen. Er blieb stets würdevoll und sauber, auch als sein silbriges Fell verfilzte, sein Zahnfleisch zu bluten begann und die Zähne wackelig wurden.

Sechs lange Jahre hat er täglich eine subkutane Infusion über sich ergehen lassen, zum Ende hin auch zwei, 60 ml Kochsalzlösung, um das zu kompensieren, was seine Nieren nicht mehr von selbst leisten konnten. Greystoke, der einen Bellini in Harry's Bar hätte stehenlassen, wäre er gerade auf etwas anderes aus gewesen, hat sich sechs Jahre lang klaglos und ohne das kleinste Maunzen von einer Spritze pieksen lassen. Er ließ sich die Pfote rasieren, um die regelmäßige Blutabnahme zu erleichtern, und ist beim Anblick des Tierarztes nie geflüchtet. Nie mussten wir ihn in eine Falle locken, um ihn behandeln zu können: Greystoke hat über sich ergehen lassen, was nötig war, um weiter mit uns leben zu können.

Sechs Jahre vor seinem Tod hatte der Tierarzt ihm sechs Monate gegeben. Wie alle Katzen und mehr als die meisten von ihnen hat Greystoke auf sein Todesurteil gepfiffen, und wir haben das *Drip Painting* seines verklumpten Urins im Katzenklo unter die Lupe genommen, um zu sehen, was seine Nieren machten, ob die Therapie irgendeine Wirkung zeigte oder ob wir uns sinnlos in etwas verbissen hatten, wobei sich in eine Katze zu verbeißen der Gipfel der Beleidigung ist. Wir lasen seine und unsere Zukunft im Katzenstreu, als wäre es Kaffeesatz.

Greystoke hat mich gelehrt, den langen Weg voller Besserungen und Rückschläge, voller Hoffnungen jenseits aller Hoffnung und Verzweiflung jenseits aller Verzweiflung hinzunehmen, der dem unvermeidlichen Ende tiefste Zärtlichkeit voranzustellen weiß.

Obgleich mein Leben von vielen Toden gezeichnet ist, habe ich dank einer merkwürdigen Laune des Schicksals erst durch Greystoke ein bis dahin ungekanntes Gefühl empfunden: die vollkommene Einheit mit seinem vergeblichen Kampf, die Krankheit zu besiegen. Seinen Atem zu atmen und ihm sein Essen vorzukauen, als er nicht mehr kauen konnte, im Schlafsack neben ihm auf dem Boden zu schlafen, als sein Fell bereits stumpf und er zu schwach war, um aufs Bett zu springen – das alles hat mich den Zauber eines langen Abschieds gelehrt, der mit einer herzzerreißenden Melodie einherging, zu der wir uns gegenseitig wiegten, erfüllt von einem nie hinausgebrüllten, sondern allenfalls verhalten miauten Schmerz ohne Wut und Rache.

Wir haben ihn in eine Champagnerkiste gebettet und unter einem wunderschönen Baum in einem Park begraben, in dem schon illustre Vorfahren wandelten und über die Aufklärung räsonierten, zu einer Zeit, in der man noch ernsthaft über die Vergehen und Strafen der Menschheit diskutierte.

Mit der Handvoll Kalk, die wir auf seinen kleinen französischen Sarg warfen, haben wir auf unsere Leben zurückgeblickt, auf die letzten sechzehn, mit einem herrlichen Russisch Blau verbrachten Jahre: Wie erbärmlich waren wir und wie großartig, wie sehr haben wir uns verändert; ist seine fortschreitende Krankheit, sein schleichender Verfall nicht auch ein wenig der unsere gewesen?

Es war ein wunderschöner, tieftrauriger Septembermorgen, und das Spiel aus Licht und Schatten im Laub der mächtigen Kastanie, unter dem Greystokes kätzische Überreste ruhen, ist heute noch dasselbe, als hätte sich ein impressionistisches Gemälde für immer in die Seele eingebrannt: Renoirs *Blühender Kastanienbaum.*

Ohne Greystokes bedächtige, sanfte Anwesenheit war die Wohnung leer, und dennoch meinte ich noch für lange Zeit, ihn überall zu sehen, in jeder Tasche, jedem Pullover, jedem Gegenstand, der nur entfernt die Form und Farbe einer grauen Katze hatte. Während mein direkter Blick den Gegenstand erkennen konnte, sah ich aus dem Augenwinkel den irgendwo zusammengerollten Greystoke, ich wollte einfach nicht aufhören, Greystokes Schwanz von den Fächern des Bücherregals baumeln zu sehen, und manchmal meinte ich, ihn aufs Bett springen zu hören, mit dem sanften Schauder, der die Körper der Verliebten wärmt. Ich hörte sein Schnurren wie meine Tante die Musik des Universums.

Am Morgen, der jenem Septembermorgen folgte, landete zur Frühstückszeit eine große Amsel auf meinem Balkon. Als wüsste sie, dass ihr nun keine kätzische Gefahr mehr drohte, erschien die Amsel jeden Morgen zur gleichen Zeit, um Hallo zu sagen.

»Das ist Greystoke«, meinte ein Freund.

Doch ich glaube nicht, dass Greystoke zu einem schwarzen, gelbschnäbligen Vogel geworden ist, oder vielleicht doch, wer weiß. Tatsache ist, dass das Amselmännchen wie alle Tiere meines Lebens beschloss, bei mir einzuziehen, und sich zusammen mit seiner Lebensgefährtin daranmachte, direkt vor der Fenstertür, wo ich nach dem Aufstehen meinen Kaffee trinke, ein Nest aus Reisig, Halmen und Papierschnipseln in die Zweige des Jasmins zu bauen. Wochenlang arbeiteten sie vor sich hin, doch aus irgendeinem unerfindlichen Grund blieb das Nest am Ende unbewohnt. Noch heute frage ich mich, was wohl passiert ist: Haben Herr und Frau Amsel miteinander Schluss gemacht? Wollten sie eine Familie gründen, und es hat nicht geklappt? Hat er sich aus dem Staub gemacht? Ist ihnen klar geworden, dass dieses Nest nicht lange sicher bleiben würde? Haben sie geahnt, dass ich wie Marcello Mastroianni, wenn auch weniger kategorisch, fellige Vierbeiner gefiederten Zweibeinern vorziehe?

Tatsächlich tauchte kurz darauf der Rote auf.

»Es gibt nur eines auf der Welt, das mir Angst macht«, gestand der Maler Mark Rothko, »dass das Schwarz eines Tages das Rot verschlingt.«

Doch in diesem Fall steht zweifellos fest, dass das Rot das Schwarz verschlungen und genüsslich gerupft hätte, bis die Federn fliegen.

Um den schmerzlichen Verlust nicht noch einmal durchleben zu müssen, hatte ich mir nach Greystoke verständlicherweise geschworen, nie mehr eine Katze zu haben. Doch Katzen kommen einfach, wie Spritz und Schatzi beweisen.

Anfangs habe ich gedacht, ein neues Leben mit Spritz und Schatzi wäre Verrat an der Erinnerung. Doch dann habe ich mich gefragt, ob Greystoke nicht froh darüber wäre, schließlich war er großzügig, ein wenig eifersüchtig zwar, aber stets selbstlos.

Ich habe an den Tag zurückgedacht, an dem wir uns begegnet sind: Er hat mich an einem verregneten, trüben Morgen ausgewählt, als ich ohne die leiseste Absicht, mir ein Tier anzuschaffen, vor dem Schaufenster einer Tierhandlung stehen blieb. Er hat mir gesagt: »Bring mich fort von hier«, und hätte ich seine piepsende Bitte nicht gehört, wäre Greystoke vielleicht dort geblieben, niemand hätte ihn gekauft, und er wäre jung gestorben – die x-te, wegen »überschrittener Altersgrenze« eingeschläferte Luxuskatze – oder vielleicht wäre er in einer anderen Wohnung gelandet, in einem anderen, schöneren oder hässlicheren Leben, wer weiß. Doch ich glaube, Greystoke weiß, dass ich, ob ich will oder nicht, immer gern bereit bin, Katzen eine Chance zu geben – und es ist ein Pakt auf Gegenseitigkeit.

Vor Jahren habe ich an einer Reportage über Kinderhandel in Nepal gearbeitet, und die Kinder, die in mir vielleicht eine potenzielle Adoptivmutter sahen oder von den Leitern der Waisenheime dazu angehalten wurden, drängelten sich schubsend um mich und riefen: *Take me, take me!*

Wenn ich gekonnt hätte, hätte ich ihnen gern eine Chance gegeben, doch schließlich war ich dort, um aufzuzeigen, wie die Möglichkeiten, das Gesetz zu umgehen, den illegalen Kinderhandel befeuern.

Deshalb glaube ich, dass Greystoke mit Spritz und Schatzi solidarisch ist und die uns einende Katzenhaftigkeit uns beschützt. Im Rahmen der uns Menschen und Katzen gegebenen, durch unverhoffte Schicksalswendungen gewährten oder mit Zähnen und Klauen erkämpften Möglichkeiten verdienen Katzen in meinem Leben einen Ehrenplatz.

Ihnen steht der rote Teppich zu, da alle Katzen ganz kategorisch alle Teppiche für riesige Spielplätze halten, und auch darin kann man ihnen nur schwerlich Unrecht geben.

Auch in dieser Hinsicht erweisen sich Katzen erneut als wertvolle Inspirationsquelle: Da sie überaus fantasievolle Wesen sind, wird jeder Teppich für sie automatisch zu einem fliegenden Teppich. Jeder Behälter fordert potenziell zum Hineinschlüpfen auf, um zu sehen, ob man dessen Form annehmen kann, jede Schublade lädt zum Durcheinanderbringen ein.

Als erfahrene, mittelmäßig chaotische Fellglätter sind Katzen auch große Zusammenballer. Wenn sie keinen richtigen Ball zur Verfügung haben, geben sie sich mit jedwedem kleinen Objekt zufrieden, das ansatzweise rollen kann, und wenn es auch das nicht gibt, machen sie sich gegenseitig rund.

Wie heißt es so schön: Wer eine Katze hat, fängt irgendwann an zu schleichen.

Der menschliche Primat, der mit Katzen zusammenlebt, weiß, dass er früher oder später wieder zum Vierbeiner werden muss, um unter Möbeln nach verlorenen Gegenständen zu suchen, und dass er alles Mögliche finden wird, aber niemals den Ohrring, an dem er so hing, niemals die Kappe des Füllers, niemals die Murmel, die keine Murmel war, sondern ein kostbares Amulett, das auch noch »Katzenauge« heißt und einem mit der Auflage geschenkt wurde, es niemals zu verlieren, sonst drohe jahrelanges bitteres Pech.

Das Katzenauge schützt bekanntlich vor bösen Geistern, fördert Weisheit, philosophischen Verstand und Nachtsicht, vertreibt Müdigkeit und Reizbarkeit und verfügt über zahlreiche weitere Tugenden, die ein Kristalltherapeut sehr viel besser besingen kann als ich.

»Santa Caterina! Wo hast du mein Katzenauge gelassen?«

»Ehrlich gesagt, keine Ahnung, und außerdem verstehe ich nicht, warum dich das so kratzt, was willst du mit einem Katzenauge, wo du doch meine beiden, unsere vier hast?«

Ich fürchte, Spritz hat wie immer recht.

Jede Geschichte über Katzen ist eine Liebesgeschichte

Zeit, die man bei durchschnittlicher Lebensdauer mit dem Suchen verlorener Gegenstände verbringt: 1,5 Jahre. Neuronen, die man vom 18. Lebensmonat an täglich verliert: 10 000.

Alles, was ich von den Katzen meines Lebens erzähle, ist ein handfester Beweis für den schleichenden Verlust jener winzigen Zelleinheiten des Nervensystems, der sich nur in Fantastilliarden messen lässt, einer von Dagobert Duck geprägten Maßeinheit.

Will man sich zu einer konkreten Zahl aufschwingen, muss ich gestehen, dass diese sich zurzeit um die 176 150 000 in Rauch aufgegangene Neuronen bewegt, die ich einmal hatte und nun nicht mehr habe. Somit sind meine Schilderungen subjektiv und haarsträubend einseitig und machen jedweden hehren Anspruch auf Wirklichkeit und Richtigkeit zunichte.

Es sind profane, den Katzen jedoch streng getreue und auf eingehenden täglichen Beobachtungen basierende Schilderungen, deren Rationalität von Projektionen, Befindlichkeiten, Erfindungen, Beweismittelbetrug und Tatortverunreinigung untergraben ist; selbst die Spurensicherung hat beim Reinigen des Katzenklos vergessen, Handschuhe anzuziehen.

Ein Themenzapping, ähnlich dem Zickzacklauf einer

gelangweilten Katze, die auf der Suche nach einer Beschäftigung kreuz und quer durch die Wohnung flitzt.

Und wie jede Autobiografie (trotz verschiedentlicher, zum Scheitern verurteilter Versuche literarischer Objektivierung, die sich in der Literaturgeschichte finden) stets eine Auto-mytho-grafie ist, ist jede Geschichte über Katzen zwangsläufig eine Liebesgeschichte und damit frei von jeder Vernunft.

Einmal, als Greystoke noch ganz klein war, verschwand er im Wald. Wir hatten ihn, wie fast immer, zu unserem Wochenendausflug mitgenommen, doch trotz aller Versuche, ihn nicht aus den Augen zu verlieren, verschwand er. Der kleine graue Fellball war unauffindbar. Wir suchten ihn überall, in den Schränken und Abstellkammern, und durchkämmten die Umgebung, doch umsonst.

Ich weiß nicht, wie viele Lebensjahre uns die stundenlange Suche nach dem wie vom Erdboden verschluckten Greystoke gekostet hat, doch zweifellos haben sich die Herzrisse, die Kardiologen tatsächlich bei Menschen mit gebrochenem Herzen nachweisen konnten, in meinem Herzen aufgetan.

In *Ein Kind zur Zeit* beschreibt Ian McEwan den Schrecken eines im Supermarkt verlorenen kleinen Mädchens. Ist es entführt worden? Ist es ermordet worden? Ist es weggelaufen?

Heute ist mir klar, dass Greystoke womöglich einfach nur dem berühmten Ruf des Waldes gefolgt ist, was allerdings nicht heißt, dass ich nicht die gleiche Panik empfunden habe wie Stephen Lewis, als er seine kleine Kate verlor.

Anzahl der weltweit pro Minute schwanger werdenden Frauen: 380.
Anzahl der aufgrund prekärer Lebensumstände weltweit pro Minute abtreibenden Frauen: 40

Armutskriege waren mir immer zuwider.

Ich glaube, die Fähigkeit, Kinder zu bekommen, ist für die Menschheit ein Segen. Und ich glaube, Kinder, Katzen oder sonstige Lebewesen zu adoptieren, in der Hoffnung, ihnen ein besseres, sichereres und liebevolleres Leben bieten zu können, tut der Menschheit ebenfalls gut. Sowohl dem Adoptierten als auch dem Adoptierenden.

Die sogenannte Vermenschlichung oder »Verkindlichung« ist ein ziemlich banales Thema, aber jeder, der mit einem »tierischen Gefährten« zusammenlebt (einschließlich Kanarienvögel, Hamster, Kaninchen, Leguane, Pythons, Papageien, Frettchen und dergleichen mehr), wird nicht nur einmal in diese Falle getappt sein.

Meistens sind es menschliche Primaten mit Kindern (aber ohne Haustiere), die sich als Moralapostel aufspielen. Oder sie haben Tiere und Kinder, vertreten aber die snobistische Überzeugung, Menschenkinder seien Menschenkinder und Tiere seien Tiere und man müsse da hierarchisch klar unterscheiden. Meist enden diese Diskussionen damit, dass man meint, sich schlecht fühlen zu müssen, weil man kinderlos ist und zudem seine Katzen wie Kinder liebt. Eine abtrünnige Schuld, die mit den dumpf tadelnden Blicken der anderen gemeinsame Sache macht. So gesehen finde ich manche Zweibeiner, die sich mit ihresgleichen vermehrt haben, genauso unmenschlich. Menschen, die aus ideologischen Gründen nicht im Traum darauf kämen, einen sterbenden Falter zu trösten.

Ich habe mit zu vielen Katzen zusammengelebt, um solchen anthropozentrischen Moralpredigten noch auf den Leim zu gehen.

Katzennamen

Agnès Varda, die für ihren wunderschönen Film *Vogelfrei*, einer nüchternen Reflexion über das Leben einer Landstreicherin, 1985 den Goldenen Löwen in Venedig gewann, erklärte einmal in einem Interview: »Alles, was ich im Leben brauche, ist ein Computer, eine Kamera und eine Katze.«

Also: Frida Kahlo, Georgia O'Keeffe, Balthus und Kandinsky hatten Katzen. Kandinskys Katze hieß Vaske und sah Spritz sehr ähnlich, was die zuvor dargelegte Theorie bestätigt, dass Katzen etwas mit der Geburt abstrakter Kunst zu tun haben.

Der Fotograf Edward Weston hatte sein Haus Wildcat Hill getauft, weil sich dort ein Haufen Katzen zu wilden Gelagen versammelten (die Glücklichen!).

Marcel Duchamp hatte eine Katze, und ich bin mir sicher, dass in dem dadaistischen Spiel, ein Pissoir zu einem Kunstwerk zu erheben, seine Katze Katze blieb, denn nicht einmal Duchamp wäre es eingefallen, seine Katze für irgendetwas anderes zu verkaufen.

Jean Cocteau hatte eine Katze, die Karoo hieß und Schatzi ähnelte. Auch Picasso hatte eine Siamkatze namens Minou. Und Matisse lebte mit Minouche und Coussi zusammen. Dalí, der immer aus der Reihe tanzen musste, hatte einen Ozelot mit Namen Babou. Margaret Bourke-White, Pierre Bonnard und Paul Klee hatten Katzen.

Gustav Klimt hatte eine Katze namens Katze (wie Audrey Hepburn in dem Film *Frühstück bei Tiffany* nach dem Roman von Truman Capote), und auch dafür gibt es wohl eine Erklärung: Da Katzen mitteleuropäische Tiere sind, auch wenn sie aus allen vier Winkeln der Erde stammen, durfte man eine Wiener Katze getrost Katze nennen, konnte doch keine Katze mehr Katze sein als eine Wiener Katze zu Beginn des zwanzigsten Jahrhunderts mit seinen Voluten, Arabesken und funkelnden Edelsteinen, ehe das Kaiserreich zerbrach und besagter Klimt starb, was vielleicht nicht rein zufällig zeitlich zusammenfiel.

Andy Warhol hatte fünfundzwanzig Katzen, die allesamt Sam hießen, und auch dieses nicht zu vernachlässigende Detail mag erklären, warum Katzen, abgesehen von ihrer Neigung, rasch gelangweilt zu sein und Fantasielosigkeit zu verabscheuen, nichts für Pop-Art übrighaben.

In seinem Buch *Old Possums Katzenbuch* (das dem berühmten Musical *Cats* als Vorlage diente) ist T. S. Eliot der Sache mit den Katzennamen sehr viel sensibler auf den Grund gegangen. Zum Namen einer Katze sagt er:

»Den muss man besonders und anders entwickeln, sonst könnten die Katzen nicht königlich schreiten, noch gar mit erhobenem Schwanz perpendikeln.«

Mag sein, dass die Unlust mancher Menschen, sich für jede ihrer Katzen einen Namen auszudenken, den Katzen nichts ausmacht, doch ich, die ich mit ihnen zusammenlebe, bin anderer Meinung.

Sogar Jane Goodall, die sich streng an die Regeln der wissenschaftlichen Beobachtung hielt, ersetzte die alphanumerischen Codes zur Erfassung der Affen entgegen der gängigen Praxis durch richtige Namen: Flo, Figan, Pepe, Flint, Olly, Fifi, Pooch und tatsächlich auch Marina.

Der Künstler und Dissident Ai Weiwei umgibt sich mit nicht weniger als vierzig Katzen, die er, hätte er noch vier weitere, in Sechserreihen aufstellen könnte, dann blieben zwei übrig. Ich weiß nicht warum, doch ich bin sicher, dass jede von Ai Weiweis Katzen einen Namen hat. Sobald die chinesische Regierung ihm den Pass wiedergibt und er nach Europa kommen kann, werde ich ihn fragen.

Der Verrückte und die Katzen

Wenn ich als Kind nicht mehr wusste, was ich machen sollte, und mich die Langeweile überkam, schaute ich wie eine Stubenkatze aus dem Fenster. Aus dem Fenster zu schauen kommt mir heute irgendwie altmodisch vor, niemand scheint das mehr zu tun. Diesem überholten Zeitvertreib frönen allenfalls noch Katzen, alte Leute und Kinder, die aus irgendwelchen Gründen nicht vor die Tür kommen und sich nicht mit digitalen Geräten ablenken können. Doch ich weiß, dass »am Fenster stehen« in meiner Kindheit eine mit gewisser Begeisterung betriebene Zerstreuung war, die vielleicht noch aus Zeiten rührte, als es keine Fernseher gab und die Leute sich damit vergnügten, die Passanten zu beobachten, sich über ihr Aussehen und ihr Benehmen auszulassen, zu tratschen, statt zu lästern, und den Fensterausschnitt als Bildschirm und Mattscheibe zu begreifen, so wie ich die Liveübertragung von Spritz und Schatzi verfolge, um die Welt zu verstehen.

Am Fenster zu stehen konnte jedenfalls lehrreich und unterhaltsam sein.

Damals sah ich hin und wieder einen riesigen Schwarzen an unserem Haus entlangspazieren. Er ähnelte dem Bild vom Flaschengeist aus irgendeinem Kinderbuch. Er war gigantisch und glatzköpfig und trug unförmige, zerschlissene Kleider, unter denen sich ein riesiger Hintern erahnen ließ. Schwer bepackt mit seinem Hinterteil und einem großen, geschulterten Leinensack ging, oder besser gesagt, keuchte er die verkehrsberuhigte Allee entlang, in der ich wohnte. Mit jedem Schritt schlug das unförmige Bündel gegen sein ausladendes Gesäß, *dudum, dudum*.

Es war schwer zu sagen, was dieser Sack enthielt, doch manchmal schien er sich zu bewegen, als steckten Lebewesen darin, als enthielte er etwas Lebendiges.

Mühsam schleppte der Riese sich an den Tischen der Eisdielen entlang, doch auch schon ehe der Psychiater Franco Basaglia sein Psychiatrie-Wunder vollbrachte, waren Triest und die Triestiner an den Anblick schräger Vögel in ihren Straßen gewöhnt und scherten sich nicht sonderlich um sie. Für alles gab es ein Lied: »*Ai tempi degli alleati xe matti anche i gatti, ai tempi dei titini xe matti anche i scalini*« (»Zu Zeiten der Alliierten waren auch die Katzen verrückt, zu Zeiten von Titos Soldaten waren selbst die Treppen verrückt.«)

Dass Triest eine Stadt voller Verrückter ist, wusste schon Umberto Saba: Schuld daran war und ist der Wind. Doch Kinder sind neugierig, und obwohl ich die Lehre (oder Warnung?), nicht zu viele Fragen zu stellen, bereits verinnerlicht hatte, fragte ich eines Tages, als ich wieder einmal den Hünen mit seinem zuckenden Sack vorbeischlurfen sah, die Eisdielenbetreiberin, bei der ich ein Schokoladeneis mit Schlagsahne und Schokoladensauce aß (in Triest wird es *Berlina* genannt und existiert in verschiedenen Varianten, auch mit Sauerkirschen oder Kaffee), wer dieser merkwürdige schwarze Außerirdische sei und was er in seinem mysteriösen Bündel trage.

Die Eismacherin, die seit den Zeiten Maria Theresias vor ihrer Eisdiele zu stehen und mit einem stracciatellaverschmierten Lappen in der Hand über ihre Tische zu wachen schien, antwortete mit der schrulligen Ruppigkeit (oder »spröden Anmut«, um es poetischer auszudrücken), die den Triestinerinnen zu eigen ist: »Der hat einen Sack voll Katzen, weil er im Carso 'ne Zeitmaschine bauen soll.«

Sie sagte es, als wäre es das Normalste der Welt und als gäbe es keinerlei Grund, sich darüber zu wundern.

Dann fügte sie in ihrer barschen Mundart hinzu: »Ich hab anderes zu tun.«

Die Eismacherin verweigerte mir jede weitere Erklärung, als wollte sie sagen: »Ich bin Eismacherin, keine Pförtnerin, ich stecke die Nase nicht in anderer Leute Angelegenheiten.«

Der schroffe Stolz der Eismacherin war typisch für viele Triestinerinnen, die mit sich selbst und den Gefühlen anderer generell nicht sonderlich zimperlich umsprangen und es seit Jahrhunderten gewohnt waren, den Mann auf See zu haben und ohne großes Gejammer allein zurechtzukommen. Er gehörte zur Stadt wie Bohnensuppe mit Sauerkraut. Dieses ruppige Wesen, das die Gefühle zurückhält (obwohl eine zärtliche Geste manchmal reichen würde, um die Zwangsjacke übertriebener Selbstgenügsamkeit zu lösen), hat in mir stets ratloses Unbehagen hervorgerufen: Ich musste erst die Stadt verlassen, um das Sediment zahlreicher in der Kindheit erfahrener Gesten aufzulösen und Frieden mit der Haltung meiner Großmutter zu machen, die bei mir einen unerklärlichen süditalienischen *Terrone*-Einschlag monierte, was in ihren Augen für Gefühligkeit, Zimperlichkeit und al dente gekochte Pasta stand. Um die Tragweite dieses Standpunktes zu ermessen, sei daran erinnert, dass für einen waschechten Triestiner Süditalien schon hinter Montfalcone beginnt.

Terrone – Erdfresser – oder *Cifariel*, zuweilen Cif abgekürzt und abgeleitet vom Nachnamen eines neapolitanischen Bildhauers, der Anfang des zwanzigsten Jahrhunderts in die Schlagzeilen geriet, weil er seine Geliebte, eine betrügerische Chansonsängerin, umgebracht hatte. Ein Ehrverbrechen, das den Triestinern offenbar so absurd vorkam, dass sie den Nachnamen zu einem Spottnamen ummünzten, der, wenngleich nicht böse gemeint, Bände darüber spricht, wie man über menschliche Leidenschaften jenseits des Timavo denkt.

So war es jedenfalls: Ein schwarzer Hüne (man fragte sich, wie dieser verrückte, hausgroße Neger nach Triest gekommen war, vielleicht war er ein Kriegsveteran, der, besessen vom Wahnsinn der Kriegsveteranen, seinen dicken Hintern unermüdlich zwischen dem Carso und dem Meer durch Berg und Tal geschleppt hatte, und das seit der Geburt des Freien Territoriums Triest – *Free Territory of Trieste* –, das im Pariser Vertrag von 1947 zwischen Italien und den Alliierten vereinbart wurde und demzufolge Triest ein 738 Quadratkilometer großes Stück Land war, dem von den Vereinten Nationen Unverletzlichkeit und Unabhängigkeit zugesagt wurde und so weiter und so fort, eine absurde Situation, die sich bis 1954 hinzog), ein pechschwarzer Mann rannte durch die

Gegend und schnappte sich unglückselige Kätzchen, um durch sie, mit ihnen, trotz ihnen, eine Zeitmaschine zu bauen, einen unglaublichen, katzenbetriebenen Apparat, der einen in der Zeit vor- und zurückreisen ließ.

Ein fantastisches Gerät, das womöglich sogar ihn selbst, diesen gigantischen Jazzer, nach New Orleans oder wo immer er herkam, zurückbringen könnte (in das Triest zu Zeiten des Felix Austria oder in die Zukunft eines immer verkommeneren Italiens), und ein verschrecktes kleines Mädchen im Freien Territorium der Angst, einer Art Wunderland, das zu abstrus war, um es sich vorstellen zu können.

Mit kindlicher Hartnäckigkeit versuchte ich noch mehr herauszufinden, doch niemand ging auf mich ein.

»Wenn du nicht aufhörst zu quengeln, hole ich den schwarzen Mann.«

»Aber der schwarze Mann ist doch schon da, ich hab ihn gesehen, als ich Eisessen war! Und die Eismacherin hat mir gesagt, dass …«

»Diese hässliche Klatschbase kann einfach nicht ihr Maul halten!«

»Sie hat gesagt, er will eine Zeitmaschine bauen, mit K…«

»Na und? Sag mir nicht, du bist eine von diesen kleinen Zimperliesen, die Angst vorm schwarzen Mann haben, in deinem Alter! Komm schon, ab mit dir!«

Sie hörten mir noch nicht einmal zu, als ich ihnen zu erklären versuchte, dass Micky Maus mir im Traum gesagt hatte, früher oder später würde jemand anfangen, Bomben zu legen (denn zu jener Zeit gab es tatsächlich Gesindel, das darüber nachdachte, Bomben hochgehen zu lassen, um die Zeitmaschine anzuhalten), weshalb man an diesem Tag besser nicht in die Schule gehen, sondern zu Hause bleiben und sich mit Krapfen vollstopfen sollte. Mit der identischen Weltanschauung wie Schatzi. Vielleicht verstehen wir einander deshalb so gut.

Nichts zu machen. Dabei konnte ich sie sehen, wenn ich am Fenster saß, genauso wie den Schwarzen mit seinem Sack, ich konnte sie mit vorgestrecktem Arm im Gänsemarsch vorbeizeihen sehen, eine Schar seltsamer Individuen mit schwarzen Stiefeln und Armeeklamotten, zu bedrohlich, um nostalgische Karnevalsfiguren zu sein.

Auch sie machten mir Angst, die von allen kleingeredet wurde.

In meinem ganzen Leben habe ich noch niemanden getroffen, der meine Befürchtungen ernst nimmt, außer die Katzen, die noch wissen, wie man Gefahr wittert und woher der Wind weht, und die Erdbeben und Unwetter vorausahnen. Deshalb geben wir uns gegenseitig Halt. Und auch deshalb sind Katzen unerlässlich.

Ich blieb allein mit meiner Vorstellung von einem katzenverbrennenden Monster, von einem Verrückten, der frei herumlief und sich in den Kopf gesetzt hatte, Lebewesen im Namen des menschlichen Fortschritts in

Asche zu verwandeln. Ein kohlschwarzer Irrer, der alles andere als arisch war und den gewisse Leute nur zu gern im Konzentrationslager Risiera di San Sabba gesehen hätten.

Ich hatte schreckliche Angst um mich und die Katzen.

Und wenn sich die Zeitmaschine auch mit Kindern betreiben ließe? Dann würde ich auch im Sack landen!

Doch da man die Katze erst einmal im Sack haben muss, gelang es mir wieder einmal, mich davonzuschleichen und meinen verborgensten Ängsten zu entkommen.

Wenn ich heute an die Geschichte mit dem verrückten Katzenjäger zurückdenke, der womöglich nur der Einbildung der vielleicht mindestens ebenso spinnerten Eismacherin entsprang, erkenne ich darin einen schlüssigen Kern: Die Zeitmaschine kann nur mit Katzen funktionieren, weil Katzen die Wächter der Zeit sind.

Die Wächter der Zeit

Menschliche Primaten haben ein äußerst widersprüchliches Verhältnis zur Zeit: Einerseits möchten sie sehr viel mehr davon haben, fürchten, sie zu verlieren oder nie genug davon zu finden, doch kaum haben sie welche, scheinen sie alles daranzusetzen, sie zu vertreiben, hinters Licht zu führen oder zumindest auszunutzen. Sie wollen mehr Zeit haben, um dieser das anzutun, was man seinem ärgsten Feind nicht antun würde. Sie wollen mehr freie Zeit haben, um sie unverzüglich in irgendwelche Beschäftigungen zu pressen und fertigzumachen. Sie wollen Zeit gewinnen, um sie auf die Zeitbank zu bringen, zugunsten einer Zukunft, die, wenn sie anbricht, bereits passé ist, Makulatur, entwertetes Geld.

Und immer gibt es neue Wettrennen gegen die Zeit, die sich verwundert fragt: Wieso gegen mich? Was habe ich euch getan, außer euch die Existenz zu ermöglichen?

Vielleicht rast die Zeit deshalb davon.

Wie könnte man es ihr verübeln?

Die Zeit nimmt die Beine in die Hand, bis sie ein Katzenversteck findet, in das sie sich flüchten kann. Sie schlägt die Tür hinter sich zu und atmet erleichtert durch.

»Was ist dir denn passiert? Wieso bist du so aus der Puste?«, fragt eine große Perserkatze, die wie ein Teppich vorm Eingang des Baus liegt.

»Sie haben mich hinters Licht geführt. Sie meinten, es sei eine friedliche Kundgebung, ich könne Tausenden arbeitslosen Arbeitern erklären, wie man mich möglichst sinnvoll nutzen könnte; ich sollte sie ein wenig aufheitern, ihnen helfen, über die Ungerechtigkeit hinwegzukommen, doch stattdessen hat sich der Schlägertrupp eines gewissen Stachanow auf mich gestürzt und wollte mich umbringen, ich habe wirklich eine schreckliche Viertelstunde durchlebt.«

»Keine Angst, es gibt immer Leute, die das Elend anderer ausnutzen, um für Aufruhr zu sorgen, doch in unserem Versteck bist du sicher.«

»Es lebe Oblomow, nieder mit Stachanow!«, fügt eine Russisch Blau hinzu. »Mach's dir bequem, fühl dich wie zu Hause.«

Die Katzen heißen die Zeit willkommen und respektieren sie, sie machen ihr ein Plätzchen in ihrem Katzenkorb frei, lecken sie stundenlang, minütlich und sekündlich, um sie vom Staub zu befreien, den sie bei ihrer Flucht aufgewirbelt hat. Sie freuen sich über sie wie über ein Geschenk. Sie umsorgen sie. Sie geben ihr Zeit, wieder zu Kräften zu kommen.

»Weißt du, was wir heute Schönes machen? Gar nichts!«, eröffnet ihr eine Katze mit orientalischem Schnäuzchen, die sich auf den Nägeln herumkaut. »Höchstens ein bisschen Maniküre.«

Die Zeit kann wieder lächeln wie seit Langem nicht mehr.

Die Katzen, die auf ihren Kissen oder in ihren Körbchen liegen, beschränken sich darauf, sie zu betrachten und jede Nuance ihres Wesens zu erfassen: den Körper, die Struktur, das Bouquet. Mit einem leichten Zittern ihrer Spürhaare erhaschen sie selbst die winzigste Stimmungsschwankung und genießen die kostbare, weiche, nachgiebige Essenz der keinerlei menschlichem Druck ausgesetzten Zeit.

Mit der Zeit entspannen sich die Katzen und die Zeit mit ihnen. Sie spielen Karten, ohne dass jemand schummelt. Dann kommt die Nacht. Die Katzen beschließen, eine Runde zu drehen, doch die Zeit will sich noch ein wenig ausruhen, ehe sie es mit der nächsten Drehung der Welt aufnimmt.

»Keine Sorge, nachts ist keiner hinter dir her, da vergessen dich selbst die Menschen. Glaub uns, nicht alle Menschen sind böse. Mit einigen hat man sogar eine Menge Spaß.«

»Ich danke euch, Katzen, ihr seid so gut zu mir, aber ich bleibe lieber noch ein wenig im Warmen, das war doch alles recht stressig heute.«

»Dann leiste ich dir Gesellschaft«, raunt ihr eine Katze zu, die seit ihrer Ankunft unermüdlich tote Katze gespielt hat, rollt sich mit einer schwerelosen Bewegung um sie zusammen und umfängt sie mit Wirbeln weichen Fells, in denen die Zeit sich glücklich verliert.

Die Zeit und die Katze lieben sich die ganze Nacht hindurch, als wäre es für immer. Der Mond am Himmel tritt in den Schattenkegel der Erde ein und verdunkelt sich.

»Wie kann ich mich für deine seidige Gesellschaft revanchieren?«, fragt die Zeit am nächsten Morgen, ehe sie sich mit einem nach Ewigkeit schmeckenden Kuss verabschiedet.

»Ich brauche nichts, du bist mir genug«, antwortet die Katze mit sanftem Blick.

»Aber ich möchte deine Güte belohnen, nimm wenigstens das hier.«

Die Zeit hält ihr ein Päckchen hin, und die Katze öffnet das Geschenkband und fängt an, damit zu spielen.

»Du sollst jetzt nicht spielen, ich meine es ernst, komm schon, mach's auf.« Die Katze öffnet das Päckchen, das noch ein Päckchen enthält und das wiederum ein weiteres und das noch eines und so weiter.

»Was ist das? Wozu all diese Geschenke? Die habe ich doch gar nicht verdient.«

»Das sind sieben Leben, sie gehören alle dir, keiner verdient sie mehr als du: Heb sie auf, vielleicht kannst du sie irgendwann gebrauchen.«

Dann macht die Zeit sich davon und verwandelt sich fast augenblicklich in eine schöne Erinnerung.

»Warte kurz!«, miaut die Katze ihr nach. »Ich will ja nicht unverschämt sein, aber könntest du mir netterweise noch ein Leben schenken? Nicht für mich, für einen guten Freund.«

»Einen guten Freund?«

»Ja, eine herrliche rote Katze, die eines ihrer Leben einem Schauspieler geschenkt hat, und jetzt fehlt ihr eines, das erste.«

»Seit wann schenken Katzen ihre Leben Schauspielern?«

»Normalerweise tun sie das nicht, aber dieser Schauspieler brauchte es wirklich dringend, er musste in einem Meisterwerk mitspielen: *Das süße Leben.*«

»Das süße Leben, das süße Leben! Hier hast du noch ein süßes Leben, meine Süße! Siehst du, die Zeit heilt alle Wunden.«

»Man sollte fern aller Leidenschaft, jenseits aller Gefühle leben, in jener Harmonie, wie sie nur ein vollendetes Kunstwerk besitzt, in einer solchen verzauberten Ordnung. Man müsste so sehr lieben können, um außerhalb der Zeit zu leben, losgelöst, losgelöst …«, denkt die Katze in einem Anflug von Traurigkeit, als die Zeit bereits fort ist.

»So sehr zu lieben ist nicht unmöglich«, sagt mir Spritz, der den traurigen Monolog des *Süßen Lebens* auswendig kennt. »Das war nur vom Drehbuch so vorgegeben.«

Mit der Würde der Privilegierten kuschelt er sich neben mir zusammen, und ich atme seine beständige Anwesenheit, seine feste und dennoch geschmeidige, formbare Zuneigung, sein unerschütterliches An-meiner-Seite-Sein, das so stark und greifbar ist, als wäre es aus einem ganz besonderen Material gemacht, als wäre es ein chemisches Element, das im Periodensystem noch fehlt und für das die Poesie noch keine Worte gefunden hat.

Ich glaube auch, dass es eine unerschütterliche Liebe gibt. Sie besteht aus »Spritzillium«, Zahl der Atome noch unbekannt, von hoher Valenz, mit versteckten Vorkommen in Sofaritzen und in den stummen Dialogen zwischen Katze und Mensch.

Im September 1981 war ich zum ersten Mal bei einer Filmpremiere am Lido di Venezia. Ich war sehr aufgeregt, weil ich mir selbst wie eine Darstellerin aus einer schrägen Komödie vorkam, eitel, aber faszinierend. Es war mein erster Kontakt mit der Welt der Schönen: ein Spaziergang im Trubel der Stars und Sternchen, eine knisternde Atmosphäre, die selbst dem prächtigen Grand Hotel des Bains, das ich in meiner Vorstellung auf ewig mit Tadzios verstohlenen Blicken und den Qualen aus *Tod in Venedig* verbinden werde, etwas Unbekümmertes verlieh.

Der Film, der im großen Saal gezeigt wurde, war *Die Haut* von Liliana Cavani, nach dem Roman von Curzio Malaparte. Abgesehen von meiner grenzenlosen Begeisterung für den Hauptdarsteller und die Szene mit dem einem gekochten Kleinkind ähnelnden Sirenenfisch, der bei einem Abendessen im Stil der Renaissance serviert wurde, habe ich keinerlei Erinnerungen an den Film, doch die Begegnung danach wird mir unvergesslich bleiben.

Als der Beifall, die Pfiffe und das halb bewundernde,

halb betroffene Gemurmel des Publikums über einen weithin als »verstörend« bezeichneten Film im Saal verklungen waren, haben wir ein Miauen gehört. Es hätte auch Einbildung oder eine weitere übersinnliche Erfahrung sein können, doch mit beinahe verzweifelter Beharrlichkeit hallte das Miauen durch den inzwischen verwaisten Kinosaal. Wir fanden einen letzten Zuschauer, der verloren durch die rot gepolsterten Sitzreihen streifte und den Ausgang suchte. Er war weißlich, mit geröteten Augen und verkrusteter Nase, mager und schwermütig wie ein filmbegeisterter Intellektueller. Er miaute, als stammelte er eine jener kryptischen Filmkritiken, die damals en vogue waren.

Obgleich er nicht gerade hübsch war, tat er uns zu leid, um ihn dort zu lassen. Wir tauften ihn Katzoid, weil er zwar eine Katze war, aber so zerrupft aussah, dass noch etwas anderes, nicht näher Identifizierbares in ihm zu stecken schien, eine Filmklubmaus beispielsweise. An nächsten Tag nahmen wir den Zug zurück nach Triest, und der herzlose Schaffner ließ mich auch für Katzoid eine Fahrkarte lösen, obwohl er so klein und mager war, dass er beim besten Willen keinen Sitzplatz hätte besetzen können.

Weil ich ihn nicht mit nach Hause nehmen konnte, wurde Katzoid einem Freund anvertraut, der im Hotel wohnte. Später wollten wir dann entscheiden, wer von uns dreien sich um ihn kümmern würde. Doch das Hotel lag gleich neben dem Kino Aldebaran, und kaum erblickte Katzoid das Leuchtschild und die alte tabakschnupfende Kartenverkäuferin im Kassenhäuschen, riss er sich mit einem Krallenhieb von seinem neuen Besitzer los und verschwand im Kino, um noch einen Film zu sehen. Das zumindest hat uns unser Freund erzählt, um Katzoids Verschwinden zu erklären und sich gegen unser Donnerwetter angesichts seiner Nachlässigkeit und Unachtsamkeit zu verteidigen. Eigentlich war die Katze nur ihrer Leidenschaft nachgegangen. Was hätte es für einen Sinn gehabt, sie abermals aus einem Kino zu locken, in ein Zimmer zu sperren und dort vor dem Fernseher verblöden zu lassen?

Der arme, klapperdürre Katzoid! Hoffen wir, dass er jemand anderen gefunden hat, der ihm zu Fressen gibt.

Katzoid, Programmkinokatze, die von Kunst und Popcorn lebte.

Sammelwut

Und nun zu einer jüngeren Begebenheit, die sich mittels Radiokarbonmethode auf ein paar Jahrzehnte oder Jahrtausende nach den zuvor geschilderten Ereignissen datieren lässt, das hängt davon ab, von wem und mit welchen dunklen Absichten das Gerät zusammengebaut wurde: Unweit von Mailand ist eine gänzlich verwirrte Frau in ihrer Wohnung gefunden worden, umgeben von einem Chaos aus Katzen, manche lebend, andere tot oder halbtot. Das war vor wenigen Monaten.

Obwohl ich schon immer ein lebhaftes Interesse für die abwegigsten psychischen Leiden hege, war ich doch sprachlos angesichts dieser neuen und zutiefst verstörenden, glücklicherweise jedoch recht seltenen Krankheit: des Messie-Syndrom.

Die Betroffenen horten alles, bis sich ihre Wohnungen in Müllhalden verwandeln: Zuweilen horten sie auch Tiere, ohne sich jedoch um sie zu kümmern. Sie horten sie nicht aus Begeisterung, sondern aus dem zwanghaften Impuls heraus, kleine Lebewesen zu sammeln, die sich weder wehren noch fliehen können.

Im Jahr 2013 in Italien registrierte Fälle zwanghaften Hortens: 60. Davon zwanghaftes Horten von Tieren: 5. Davon zwanghaftes Horten von Katzen: 3.

Ich wusste nicht, dass es Menschen gibt, deren Irrsinn sie dazu treiben kann, Katzen zu horten. Welcher Wahn und welcher Krumen gesunden Menschenverstandes bringt sie dazu?

Sosehr ich Katzen liebe – was die Presse aus der Nachricht gemacht hat, ging mir gegen den Strich. Da ich, abgesehen von meiner Katzenliebe, in einer Stadt groß geworden bin, die mich gelehrt hat, auch die Verrückten zu respektieren, hätte ich mir gewünscht, etwas Nettes hinsichtlich dieser armen Frau zu lesen, der die Bora und der feine Staub der Poebene offenbar den Verstand weggeblasen haben. Vielleicht hat der gleiche rätselhafte Psycho-Kurzschluss sie zum Horten getrieben wie den schwarzen Riesen, vielleicht haben der kranke Flaschengeist und die kranke Frau in den Katzen einen Rettungsanker gesehen, und damit, aber nur damit, lagen sie auf geheimnisvolle Weise richtig. Wir könnten ihnen ein wenig Barmherzigkeit zukommen lassen, statt das Monster auf die Titelseiten zu drucken.

Was meinst du, Spritz?

Spritz schließt halb die Lider und drückt mir mit seiner rauen Zunge einen Kuss auf die Wange. Ich habe auch eine raue Zunge, fein gefurcht wie eine Katzenzunge. Das muss an einem rezessiven Gen liegen. Manche Menschen haben Katzenzungen. Eine ziemlich seltene Besonderheit, die man natürlich mögen kann oder nicht.

Weil Katzen bis zur Schamlosigkeit lieben können, verlieben sie sich mitunter in die Falschen und geraten in üble Schlamassel. Es mangelt ihnen bisweilen an Hybris. Sie verlieben sich nicht in ihr Spiegelbild, sondern sehr viel banaler und menschlicher in den, der ihnen Zuneigung entgegenbringt.

Oft wird ihnen nur etwas vorgespiegelt, doch statt sich im eigenen Anblick zu verlieren, lassen sie sich von einer hübschen Geste blenden, die sie festhalten wollen und für einen kurzen Moment mit etwas Schönem verwechseln, das zum Verweilen einlädt, denn nicht einmal Katzen sind unfehlbar, und obwohl ihnen allzu feste Umarmungen ebenso unliebsam sind wie Leinenzwang, ist eine Umarmung doch eine Umarmung und damit ein Risiko, das es sich fast immer einzugehen lohnt. Manchmal lassen sich Katzen von einem Bluff genauso hinters Licht führen wie von einer geschüttelten Brekkies-Schachtel, auch wenn sie den Trick bald durchschauen.

Dennoch muss jeder Katzenliebhaber mit der Angst leben, dass sie Bonbons von Fremden annehmen, vergiftetes Futter fressen, dem schwarzen Mann oder dem Wahn eines Katzenhorters zum Opfer fallen oder einem weder für Katzen noch für Stadtbewohner (ob groß oder klein) erträglichen Stadtleben nicht gewachsen sind. Absolute Sicherheit ist für die Kategorie des *Homo sapiens sapiens* nicht vorgesehen.

Kursiv geschrieben sieht es geradezu lächerlich aus.

Felis silvestris catus ist die wissenschaftliche Bezeichnung der Hauskatze.

Wohl keinem wird die Assonanz zwischen *felis* und *felix* – glücklich – entgehen.

Wohl keinem wird das *silvestris* – Wald – entgehen, das zwischen *felis* und *catus* klemmt, Greystoke ist schließlich auch im Wald verschwunden und dann wieder zu uns zurückgekehrt. Miauend stand er auf dem von Wipfeln umgebenen Hausdach, als wäre nichts geschehen. »Ich bin wieder da. Miao!«

Und ich habe geheult wie ein Schlosshund, inmitten der Nattern und Katzen und Wildschweine und Dachse und Rehe und Eichhörnchen in diesem ligurischen Wald, den die in ihren Allradautos durch Santa Margherita knatternden Zweibeiner hoffentlich noch nicht für sich entdeckt haben.

Und doch wird es zwischen mir und den Katzen stets ein dunkles Dickicht geben, selbst in der Großstadt wächst in jeder Wohnung ein Busch, unter dem sie sich verkriechen und unter den man ihnen niemals folgen kann.

Das sorgsam gehütete Katzengeheimnis des Busches ist das Geheimnis ihrer Unwiderstehlichkeit: totale Anpassung, Intelligenz und die Fähigkeit, trotz bedingungsloser Liebesbereitschaft eine freie Beziehung zu führen.

Manchmal, wenn sie es für unbedingt nötig halten, nehmen sie einen mit: Dann strecken sie die Pfote aus und bringen einen woandershin, die Psychopompos-Katze geleitet einen in die Unterwelt in der Hoffnung, Verkümmertes wieder zum Leben zu erwecken und einen gewahr werden zu lassen, wie viele Sterne selbst in einer lichtverschmutzten Großstadtnacht noch immer strahlen.

Während ich diese Zeilen schreibe, um meine Theorie, Katzen hätten etwas mit Glück zu tun, zu untermauern, schnarchen meine beiden wieder selig vor sich hin. Jeder auf seinem Lager, in Reichweite von Streicheleinheiten.

Ich frage mich, ob sie wirklich glücklich sind. Ich frage mich, ob ich glücklich bin. Doch Katzen stellen Fragen, statt Antworten zu geben.

Ich glaube, ich sollte jetzt eine Pause machen.

Die Meister des Nichtstuns

Zeit, die ein Mensch unter normalen körperlichen Voraussetzungen braucht, um eine Rolle Klopapier abzuwickeln: 3 Tage.
Zeit, die eine Katze für die gleiche Tätigkeit braucht: 3 Minuten.

Im Jahr 2012 hat eine Gruppe Wissenschaftler der Universität von Massachusetts das Verhalten von Katzen gegenüber Klopapierrollen untersucht. Jeder der fünfzehn Exemplare unterschiedlicher Rassen wurde eine Rolle zur Verfügung gestellt: Man wollte herausfinden, wie lange eine Katze zum Abreißen der einzelnen Blätter braucht, um festzustellen, ob man die automatischen Klopapierspender auf öffentlichen Toiletten zu Energiesparzwecken durch Katzen ersetzen könnte. Wenn man die schnellsten Exemplare kreuzte, würde man das Pilotprojekt auf andere Bundesstaaten ausweiten können: Stattete man öffentliche Einrichtungen (Schulen, Krankenhäuser, Raststätten) mit besagten Abrollkatzen aus, beliefe sich die eingesparte Energie auf rund eine Billion Kilowattstunden, was Pi mal Daumen ein paar Fantastiliarden Dollar entspräche.

Doch trotz erklecklicher Forschungsmittel wurde das Projekt eingestellt, da sich die anfangs durchaus kooperativen und interessierten Katzen schon bald gelangweilt von der Aufgabe und vor allem geschockt von der Vorstellung zeigten, arbeiten zu müssen.

Auch Katzenträume verwandeln sich bisweilen in Albträume, und so hat Schatzi mir letztes Jahr den Albtraum des Klopapierexperiments ins Ohr geflüstert, das von herzlosen Wissenschaftlern auch auf seinem befellten Rücken ausgetragen wurde. Anfangs schien es ein schöner Traum zu sein (»sieben Lagen abrollbare Flauschigkeit, ohne dass jemand schimpft, sogar ermutigt wurde ich zu dieser normalerweise verbotenen Tätigkeit, es war traumhaft«, sagte er), doch als ihm die dramatische Tragweite dessen klar wurde, was der Traum verhieß – arbeitende Katzen! –, sei er mit schweißnassen Pfoten und Herzrasen aus dem Schlaf geschreckt.

»Schwörst du, dass du mir nie etwas zu tun gibst? Schwörst du es?«

»Aber natürlich! Welcher vernünftige Mensch käme jemals darauf, Katzen etwas zu tun zu geben! Es war nur ein böser Traum, mach dir keine Sorgen, Schatzischatz, komm her, es ist vorbei, es ist alles vorbei.«

Katzen sind ständig mit Nichtstun beschäftigt, wie sollen sie da Zeit zum Arbeiten finden?

Schatzi kuschelte sich in meinen Arm, und sein Schnurren dauerte ewig, und wieder einmal habe ich mich gefragt, wie Katzen so lange schnurren können, ohne dass die Schnurrbatterie ihren Geist aufgibt.

Hunde ziehen Schlitten, führen Blinde, suchen von Lawinen oder Erdbeben Verschüttete oder erschnüffeln Drogen an Flughäfen, doch Katzen lassen sich nicht auf faule Kompromisse mit der Wirklichkeit ein, und wenn diese Wirklichkeit zudem noch Arbeit bedeutet, treten sie lieber in Klopapierabrollstreik zugunsten anderer, noch sinnloserer Beschäftigungen, wiewohl im Sanitärbereich: Schwammwerfen, Bademantelgürtel aus der Lasche ziehen und Lasso damit werfen, Wattestäbchen auskippen und Mikado spielen.

Das heißt nicht, dass sie sich vor Arbeit drücken. Da ihre Daseinsberechtigung darin besteht, die Lebensqualität ihrer Mitbewohner zu verbessern, widmen sie sich oft und gerne der Qualitätskontrolle ihrer Umgebung, insbesondere – und stets ihrem Credo treu, das Nützliche mit dem Angenehmen zu verbinden – Einkaufstüten, Tragetaschen, Einkaufstaschen, Täschchen, Rucksäcken, Beuteln, Koffern, textilen Überzügen, Stoffen aller Art (egal, ob sie Einrichtungsgegenstände oder menschliche Primaten umhüllen), Katzenklos, allem Lesbaren, Zeitungen, Zeitschriften, Büchern, ganz zu schweigen von Wäscheständern und Schnittblumen. Schnittblumen verdienen eine weitere Abschweifung. Selbst in die Großstadtwohnungen, in denen Katzen zu leben gezwungen sind und in denen ewiger Winter herrscht, tragen Schnittblumen eine Brise Natur, eine Erinnerung an Wiesen und Frühling hinein. Sie duften, und es ist sehr interessant, sie zu beschnuppern und anzuknabbern, sie stehen in Vasen, deren Fuß für gewöhnlich nicht in Proportion zur Höhe steht, eine einmalige Gelegenheit für eine eingehende und zugleich äußerst spaßige Qualitätskontrolle: Zuerst bringt man die Vase zu Fall, erschrickt angemessen, gibt sich einen Ruck, überwindet die angeborene Wasserscheu und macht sich pfotenschlagend, spuckend und Blütenblätter verteilend an eine ausführliche Untersuchung der einzelnen Blumen. Am Ende prüft man, ob die Blumen von einem seriösen Blumenhändler oder von einem Straßenverkäufer stammen, und zieht die gebotenen Schlüsse.

Aber nicht nur das. Es gibt noch einen weiteren Grund, weshalb Schnittblumen eine penible kätzische Expertise erfordern: Abgesehen von der Feststellung, wo sie herkommen und in welcher kommerziellen Einrichtung sie erworben wurden, gilt es, den Spender zu ermitteln und herauszufinden, wer sie geschenkt hat. Katzen vergehen vor Neugier und müssen um jeden Preis wissen, von wem diese blumigen, bunten, duftenden, in durchsichtiges Zellophan gewickelten Dinger stammen, die in der Wohnung auftauchen, wenn man am wenigsten damit rechnet. Ein Name genügt nicht, ein Name auf einem angesteckten Kärtchen ist nichtssagend, doch die Sprache der Blumen lügt nicht.

Ebenso wie Katzen wissen, wer einen besuchen kommt, ehe er überhaupt auftaucht, können sie die Persönlichkeit des Schenkers mittels der geschenkten Blumen beurteilen, auch wenn sie ihn noch nie gesehen haben.

Wenn ein menschlicher Primat weiblichen Geschlechts angesichts eines Straußes roter Rosen bereit ist, ein Auge zuzudrücken, sind Katzen auf der Hut, sie lassen sich nichts vormachen, nicht einmal der gefühlige Schatzi.

Einer der letzten roten Rosensträuße, die ihren Weg in unsere Wohnung gefunden haben, hatte nur ein sehr kurzes Leben: In einer Katzensekunde war er vernichtet, was eine weitere Methode meiner Katzen ist, mich vorzuwarnen – falls ich noch nicht verstanden haben sollte, was einem kleinen Katzentier bereits auf den ersten Blick und ohne langes Drumherum klar ist.

Für Katzen stammen Blumen nicht nur von der Wiese, sondern vor allem von ihrem Schenker, von einem menschlichen Primaten, den sie womöglich, aber nicht unbedingt gutheißen.

Qualitätskontrolle des Lebens

Was uns zu dem Kapitel »Qualitätskontrolle von Personen« bringt, ein äußerst wichtiger Punkt für alle, die mit Katzentieren zusammenleben. Fast alle Katzen, sofern sie keine nachhaltig verstörenden Traumata erlitten haben, sind zutraulich. Spritz und Schatzi sind es besonders, sie verstehen sich mit fast jedem gut. Nach ein paar Höflichkeiten springen sie einem in den Arm und schnurren, lecken einen zur Begrüßung über die Wange oder stupsen ihre Nase gegen die Nase des Neuankömmlings, was ungefähr einem herzlichen Händedruck gleichkommt. Abgesehen von seltenen Ausnahmen, die die Regel bestätigen. Die Regel ist immer dieselbe, nachzulesen auf den ersten Seiten dieses Buches: Wenn du nicht weißt, was du von einem Menschen halten sollst, frag deine Katze.

Ich sehe sie noch ihre kleine, knochige Hand ausstrecken, die es höchstens gewohnt war, eine Limoges-Tasse zu halten, unentschlossen, ob sie Spritz streicheln sollte oder nicht, der ebenso unentschlossen war, ob er seinen fügsamen, jedoch kraftvollen Körper von einem Handknochenröntgenbild streicheln lassen sollte.

»Ich habe noch nie eine Katze gestreichelt«, sagte sie.

»Wie alt bist du denn?«

»Zweihundertfünfundfünfzig.«

»In zweihundertfünfundfünfzig Jahren hast du noch

nie eine Katze gestreichelt? Und was, bitte, hast du in der ganzen Zeit gemacht?«

Sie zuckte die rachitischen zarten Schultern, das die rostigen Knochen knackten, und wiegte nachdenklich ihren kleinen, hageren Schädel. Spritz wartete nicht länger ab, machte einen Buckel und schoss mit buschig gesträubtem Schwanz davon. Schatzi flüchtete sich unter den Sessel und presste unter größten Mühen sein dickes Hinterteil darunter, was nachdrücklich bewies, dass man dieser abscheulichen Unterhaltung um jeden Preis entkommen musste.

Die reptilienhafte, jahrhundertealte Greisin fand keinen Eingang in unseren Freundeskreis: Katzen können Menschen, die ihr Leben wegwerfen, einfach nicht ausstehen.

Einmal tauchte ein großer, dicker Kerl mit polternder Stimme, Schaufelhänden und riesigen Schuhen in unserer Wohnung auf. Die Gläser im Schrank klapperten vor Angst mit den Zähnen, ein paar Parkettstäbe lösten sich nach mehr als fünfzig Jahren aus ihren Fugen, und selbst der Fußabstreifer sträubte die Borsten. Die symbiotische alte Wohnung begehrte auf und fand für einen kurzen Moment ihre jugendliche Entschlossenheit wieder: Nein, meine Liebe, das geht entschieden zu weit!

Die Anwesenheit des Berserkers währte nur kurz, doch war dies eines der seltenen Male, in denen Spritz und Schatzi mich mehrere Tage lang links liegen ließen.

Ein Mensch kann sterben, wenn man ihn einer Lautstärke von 200 Dezibel aussetzt, eine Katze dreht schon bei 70 Dezibel durch.

Ein anderes Mal lud sich eine Frau zum Mittagessen ein und brachte einen Sack voll Eigennutz und Vermessenheit mit, sie stopfte sich mit Pizza und Falschheit voll, doch kaum wollte Spritz sich ihr nähern, um Freundschaft zu schließen oder ein Häppchen vom Mittagessen abzubekommen, drohte sie ihm mit Fußtritten.

»Ich habe schon für sehr viel weniger getötet, müssen Sie wissen«, sagte ich zu ihr und sah sie nie wieder.

Es gibt unendlich viele mit wunderbaren empathischen Eigenschaften, feinem Beobachtungssinn und noch größerem Intellekt gesegnete Menschen, die, kaum betreten sie meine Wohnung und sehen die beiden Katzen mit ihren zu einem erwartungsvollen Fragezeichen aufgestellten Schwänzen, sich zu der Bemerkung bemüßigt fühlen: »Ich mag Hunde lieber, Katzen sind so egoistisch.« Na bitte.

Zum Glück kann man diese Episoden an einer Pfote abzählen, denn normalerweise leben alle meine Freunde mit Katzen zusammen oder haben mit ihnen zusammengelebt, und die wenigen, die noch nicht das Vergnügen hatten, werden diesem Manko gewiss bald Abhilfe schaffen; immerhin ist es Spritz und Schatzi sogar gelungen, einen Allergiker rumzukriegen. Allerdings einen positiven, offenen und niemals voreingenommenen Allergiker.

Apropos Finger einer Pfote: Ernest Hemingway, der womöglich die Tatsache nicht ertrug, sämtliche Romane mit nur zehn Fingern tippen zu müssen, ließ sich von 57 Katzen helfen, von denen viele polydaktyl waren, das heißt pro Pfote mehr Finger hatten, und womöglich haben seine vielfingerigen Katzen nicht unwesentlich zu seinem Nobelpreis beigetragen.

Seit 2003 steht die von Hemingways vielfingerigem Snowball abstammende Katzenkolonie, die bis heute das Museumshaus in Key West bewohnt, im Zentrum endloser Debatten: Nach Meinung des Landwirtschaftsministeriums hat man mit polydaktylen Katzen gesetzlich wie mit Zirkustieren zu verfahren, was wieder einmal zeigt, dass bei den menschlichen Primaten Hopfen und Malz verloren ist: Wie vernagelt muss eine Bürokratie sein, die eine Schar hochbegabter, wohlgefälliger und von der Natur gesegneter Katzen für einen Haufen Freaks hält?

Der Stoff, aus dem die Träume sind

Zeit, die man im Leben mit Schlangestehen zubringt: 6 Monate.
Zeit, die man mit Gejammer zubringt: 5 Monate.
Zeit, die man lacht: 115 Tage.

Die Bürokratie zermürbt unsere Existenz. Bis auf wenige Ausnahmen. Lässt man die Mailänder Peripherie in südwestliche Richtung hinter sich – die Industriehallen, Einkaufszentren und die von Sexshops flankierten Motels, die marketingstrategisch so perfekt platziert sind wie die Bestattungsinstitute neben den Krankenhäusern – und fährt entlang der SS Nuova Vigevanese, wandelt sich die Landschaft allmählich, und die von roten Gehöftdächern gesprenkelten grünen Reisfelder gönnen dem Blick Erholung.

Jenseits des Hinterlandes – das mich aufgrund eines meiner frühesten Lektüren geschuldeten pawlowschen Reflexes sofort wie Marcovaldo in Calvinos *Der Wald an der Autobahn* fühlen lässt, als sehnte sich ein unschuldiger Teil von mir noch immer nach Bäumen und würde vom Dickicht aus Werbeplakaten jedes Mal wieder in Verwirrung gestürzt –, jenseits des Hinterlandes und nur fünfunddreißig Kilometer von Spritz' und Schatzis Zuhause entfernt, kann man, wenn man dem richtigen Straßenschild folgt, in eine neue, bukolischere und katzenidyllischere Dimension vorstoßen.

Auf der Grenze zwischen Lombardei und Piemont liegt das Dorf Gravellona Lomellina: Weniger als dreitausend Seelen, die offenbar nicht vergessen haben, dass *Anima* und *animalisch* dieselbe Wurzel haben, und auch die Verwaltung ist von einem weltweit einzigartigen Odem beseelt.

MITTELALTER: DER HEILIGE GEORG KÄMPFT MIT DEM DRACHEN.
XX. JAHRHUNDERT: DER FREIE MENSCH KÄMPFT MIT DER BÜROKRATIE.

Diese Inschrift prangt am Eingang des Rathauses, einem hübschen, malereiverzierten Bau, bei dessen Anblick man dennoch nicht umhin kann, staubige Papier- und Aktenstapel vor sich zu sehen. An deren tagtägliche Reinigung mit einem getigerten Staubwedel denkt niemand anders als die Bürgermeisterin persönlich: Die Katze Marina streicht zwischen den Aktenschränken und Formularstapeln entlang und empfängt die Besucher mit kajalumrandeten Augen, deren Blick klar erkennen lässt, dass sie sich der Bedeutung ihres Amtes wohl bewusst ist.

Die dank der Besonnenheit des gleichfalls netten, freundlichen Verwaltungsbeamten Massimo Rossi aus einem Tierheim gerettete Marina wurde am 15. Juli 2013 zur Bürgermeisterin gewählt und teilt sich mit ihrem menschlichen Kollegen – Ratti mit Nachnamen – die Amtsgeschäfte, darunter das ebenso heikle wie begehrte Unterfangen, mit der Trikolore in der Pfote Trauungen zu vollziehen und den frisch Vermählten mit einem dreifachen Miau alles Gute zu wünschen. Einen besseren Wunsch kann es für eine dauerhafte Ehe nicht geben.

Die Katze Marina ist die Nachfolgerin der Bürgermeisterskatze Pippi, die ebenfalls durch Massimo Rossis liebevolle Fürsorge gerettet wurde, und bestätigt eine alles andere als absurde Entscheidung, geltende Gepflogenheiten mit Empathie zu kontern: Nähme sich jede der 8048 Gemeinden Italiens ein Beispiel an Gravellona Lomellina, fänden nicht nur 8048 im Stich gelassene Tiere neue Obhut, sondern auch viele Menschen könnten ihrem Misstrauen und ihrer Gleichgültigkeit den Laufpass geben und sich zum Wohle von weit mehr als 3000 Seelen in die Obhut eines Tieres begeben.

So könnte man Jorge Luis Borges' fantastischer Zoologie – »Tiere, die dem Kaiser gehören«, »Tiere, die von Weitem wie Fliegen aussehen« – Tiere hinzufügen, die dem Kaiser einen Floh ins Ohr setzen, egal, welcher Kaiser gerade dran ist, oder auch eine Fliege oder eine Mücke, damit sich niemand auf den Schlips getreten fühlt: Um dies zu vermeiden, hat die Gemeinde von Gravellona Lomellina selbst der Mücke ein Denkmal gesetzt.

Dass die Bürgermeisterin Marina eine Katze ist, lässt zum einen daran denken, dass der Begriff *gatta* – Katze – in den ersten Niederschriften der *Accademia della Crusca*, dem *Vocabolario degli Accademici della Crusca* von 1612, nur in der weiblichen Form auftaucht, die sich sowohl auf weibliche als auch auf männliche Katzen bezog, und zum anderen an die Tatsache, dass die Mönche der Mönchsrepublik Athos, die seit 1036 per Dekret des Kaisers von Byzanz kein weibliches Lebewesen innerhalb ihrer Grenzen dulden, bei weiblichen Katzen ein Auge zudrücken, denen es als Einzigen erlaubt ist, das Leben von ebenfalls rund 3000 in selbst gewählter Einsamkeit und Stille lebenden Männern zu versüßen.

In jedem Winkel der Welt befindet sich der Katzenfreund in guter Gesellschaft nicht nur der Katzen, sondern auch einer allzeitlichen Schar Gleichgesinnter, die dank eines gemeinsamen Nenners mit vier meist fünffingerigen Pfoten, einziehbaren Krallen, sechzehn in vier horizontalen Reihen angeordneten Spürhaaren pro Seite und einem göttlich weichen Fell nicht die schlechteste Gesellschaft ist.

Charles Bukowski erleichterte sich die schwarze Seele mit einer schneeweißen Katze namens Factotum, Jack Kerouac hatte Tike, Allen Ginsberg eine Siamkatze, William Burroughs die bereits erwähnte Russisch Blau. Jean-Paul Sartre, Aldous Huxley, Colette, Don DeLillo, Jorge Luis Borges, Julio Cortázar, Edgar Allan Poe, Patricia Highsmith, Doris Lessing, Ezra Pound, Truman Capote, Stephen King, Louis-Ferdinand Céline, Sylvia Plath, George Bernard Shaw, Mark Twain, Hermann Hesse, Alberto Moravia hatten Katzen. Die Liste ließe sich ewig fortführen, jeden Tag erfährt man, dass ein selbst von Ferne geliebter menschlicher Primat eine oder viele Katzen geliebt und eine oder viele Katzen ihn geliebt haben.

»Was ist das denn für eine todlangweilige Liste! Hast du die aus dem Telefonbuch abgeschrieben? Wieso erzählst du uns nicht lieber eine wirklich wahre Geschichte?«

Weil ihr die wahre Geschichte bereits kennt und damit die Einzigen seid.

Selbst ich kenne sie nicht. Ihr habt sie gehört, als ihr in meinen Armen eingeschlafen seid, euch an meinen Knien gerieben, eure Stirn gegen meine gedrückt, mir eure Pfoten um den Hals geschlungen, mich abgetastet, euch in Pelzkrägen verwandelt, mir über die Wange oder die Nase geleckt und mein Essen probiert habt, mit mir aufgewacht seid oder ausgeschlafen habt, mir in schlaflosen Nächten zur Seite gestanden habt, mir durch die Wohnung nachgerannt seid, euch in meinen Anziehsachen oder meinen Schubladen versteckt, euch an meinen Füßen zusammengerollt, mir übers Haar gestreichelt oder daran gezogen, mir die Krallen in die Haut getrieben, mich aus Versehen gekratzt, auf meinen Kissen geschnarcht, wie eine Fellmütze auf meinem Kopf und wie eine Daunendecke auf meinem Bauch geschlafen habt und mir nahe wart, näher, als ich selbst mir je sein kann.

Oder vielleicht habt ihr sie immer gekannt, vom ersten Moment an, seit dem allerersten Blick.

Ich kann nur Geschichten erzählen, bei denen es an allen Ecken und Enden hapert, ob sie nun belegt, erfunden, wahrscheinlich, realistisch, märchenhaft oder aus Gehörtem zusammengestoppelt sind, aber was soll ich euch sagen?

Träume und die sie träumenden Körper sind wahr. Und Worte tun nun einmal, was sie können.

»Und was machen wir jetzt?«

»Wie wäre es mit dieser Geschichte: In Kopenhagen gab es keine Katzen, die Menschen über die Straße begleiten konnten. In Kopenhagen gab es nur Polizisten, die Buttermilch tranken. Aber wieso Buttermilch trinken, wenn es dort so viel Fisch gibt?«

»Die Geschichte ist nicht von dir, du warst nämlich noch nie in Kopenhagen.«

»Wer hat dir denn gesagt, dass ich noch nie in Kopenhagen war?«

»Ich weiß es und basta. Die Geschichte hat 1936 Jaxxxxxxxxxxxxxxxxxxxxxxxxxxxxxxxxxxxxxxxxxxxxxxxxxx xxxxxxxxxxxxxxxxxxxxxxxxxxxxxxxmes Joyce geschrieben.«

Was habe ich gesagt? Man kann eine Katze nicht hinters Licht führen. Während du genüsslich deinen eigenen Geschichten lauschst, mal um dich zu täuschen, mal um dich zu trösten, mal um dich von den zahllosen Pflichten abzulenken, die das menschliche Primatenleben erschweren, widmet sich die Katze der Taste x. Der Taste der Unbekannten, die nur sie kennt, und der Küsse, tausend Küsse, dann ein zweites Mal hundert, dann noch weitere tausend und abermals hundert.

»Entschuldige, du hast recht, mein Herz, ich hab nur

ein kleines wissenschaftliches Experiment gemacht. Wie wär's, wenn wir jetzt ein bisschen schlafen?«

»Wer wenig schläft, träumt wenig«, antwortet Spritz. Schatzischatz dreht seine himmelfarbenen Augen gen Himmel und lässt dann ebenfalls die Lidgardinen herunter: »Ach ja«, denkt er, »wie romantisch ist doch die Liebe!«